1792

LE

SIÈGE DE LILLE

EN 1792,

Par Victor Derode,

CHEF D'INSTITUTION.

LILLE,

Chromo-lithographie de L. Danel.

LE

SIÉGE DE LILLE

EN 1792.

LE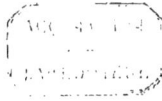

SIÉGE DE LILLE

EN 1792,

 *Par Victor Derode,*

Chef d'Institution.

OFFICIER D'ACADÉMIE, MEMBRE DE LA SOCIÉTÉ ROYALE DES SCIENCES, DE L'AGRICULTURE ET DES ARTS DE LILLE;
DE LA COMMISSION HISTORIQUE DU DÉPARTEMENT DU NORD; DE L'INSTITUT HISTORIQUE;
DE LA SOCIÉTÉ DU DÉPARTEMENT DU NORD A PARIS; DE LA SOCIÉTÉ
D'ÉMULATION DE CAMBRAI, ETC., ETC.

Urbi et Orbi.

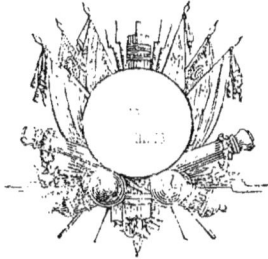

LILLE,

CHEZ ÉMILE DURIEUX, LIBRAIRE-ÉDITEUR.

———

Imprimé par L. Danel. Septembre 1842.

AVANT-PROPOS.

Dans cette courte notice, extraite de notre Histoire de la ville de Lille et de ses institutions, nous avons rassemblé, sur le mémorable siège de 1792, tous les renseignements certains que nous avons pu recueillir, soit des pièces authentiques, soit des chroniques du temps, soit des personnes encore vivantes qui en ont été les témoins.

Nous avons divisé ce travail en trois parties : AVANT, PENDANT, APRÈS. Dans la première partie, nous traçons une rapide esquisse des circonstances qui ont amené la guerre et de celles qui ont précédé immédiatement le siège. Dans la deuxième, nous faisons l'historique même du siège, en nous guidant le plus souvent sur le journal rédigé par Marescot, officier du génie et témoin oculaire (journal qu'a suivi la France militaire dans son article Lille) ; nous y avons joint tous les renseignements qui y manquaient et que nous ont fournis les archives de la garde nationale de Lille, celles de la Municipalité ; une brochure du temps, intitulée les Observations des citoyens, etc. ; Recueil des Lettres adressées au Conseil municipal à l'occasion du siège de Lille (in-quarto) ; l'Attaque de Lille, brochure in-octavo ; le Recueil des actions héroïques, etc., publication périodique du temps ; le Moniteur, etc., etc.

Dans la troisième partie, nous retraçons les suites du siège, l'honneur qui en rejaillit sur le nom lillois. Nous nous sommes permis d'y joindre un dithyrambe pour en célébrer la mémoire.

Pour ajouter à l'intérêt d'une notice où nous avons cru devoir laisser à l'histoire le sérieux et la gravité qui lui sont propres, nous avons joint des fac-similé de quelques pièces importantes pour la cité ; deux d'entre elles deviennent en quelque façon un titre de noblesse que chaque Lillois doit être jaloux de conserver. C'est, 1. la lettre du général autrichien à la Municipalité ; 2. la minute de la réponse avec les corrections qu'on a cru devoir y faire à l'origine. Nous y avons ajouté un dessin de M. de Coutencin, représentant la scène du plat-à-barbe, d'après un tableau à l'huile attribué à Watteau et dont M. Gentil-Descamps est possesseur. M. Verly avait gravé à l'eau forte ce même sujet, d'après un dessin pris par lui sur les lieux et dont monsieur son neveu a l'original.

Nous adressons ici de publics remerciements à toutes les personnes qui nous ont secondé dans cette publication. Nous citons en particulier M. le docteur Le Glay, qui a eu la bonté de revoir les épreuves ; M. Bronner, qui nous a montré une infatigable complaisance ; M. Gentil-Descamps, qui a mis à notre disposition avec le plus grand désintéressement et l'obligeance la plus cordiale, tous les documents que possède son riche cabinet, véritable musée lillois. M. de Coutencin, qui a bien voulu essayer son crayon sur la pierre lithographique ; M. Duverger, inventeur d'un procédé particulier pour l'impression de la musique, qui s'est empressé de nous offrir le cliché qui se trouve à la page 30. M. Porret, notre compatriote, nous avait généreusement offert son concours pour des gravures sur bois, mais le temps ne nous a pas permis de profiter actuellement de ses propositions.

Le luxe de typographie qu'on remarque dans cette brochure et le prix qui en est relativement si modique, prouvent que M. Danel a été plus jaloux de faire une œuvre patriotique qu'une spéculation d'éditeur.

AVANT.

LE

SIÉGE DE LILLE

EN 1792.

AVANT.

Pendant le dix-huitième siècle, un concours de circonstances diverses avait démontré la nécessité d'une réforme dans les lois et l'administration de la France.

Les États-Généraux, convoqués en 1789, devaient apporter de toutes les provinces et réunir en commun les lumières qui auraient permis de remédier au mal profond qui travaillait

2

le pays. Une suite d'événements, qu'il serait inutile d'indiquer
ici, changea rapidement la face des affaires. De la réforme des
abus on arriva bientôt au bouleversement de la constitution
politique et à l'établissement d'une nouvelle forme de
gouvernement.

La réforme administrative et politique avait d'abord compté
parmi ses partisans les hommes les plus honorables de la
France. La régénération de la patrie était l'objet des désirs les
plus sincères et des efforts les plus généreux ; et rien n'est
admirable comme l'amour pur, le dévoûment cordial, la
simplicité naïve avec lesquels nos pères saluaient la révolution
toute pacifique à laquelle ils attachaient le bonheur et la gloire
de la France.

En 1790, les citoyens étaient constitués les gardiens de
l'ordre public par la création de la garde nationale ; les opinions
avaient une voie libre et large dans la presse, une tribune
toujours ouverte dans l'Assemblée nationale et dans les sociétés
populaires ; les administrés choisissaient leurs administrateurs ;
les *abus* qu'on avait signalés dans l'hérédité des titres et de
la noblesse avaient disparu, ainsi que l'excessive richesse du
clergé ; plus de dîme, de corvées, de servage ; plus d'arbitraire
ni de lettres de cachet... Pour les honnêtes gens du mouvement,
la révolution n'avait plus rien à faire. Il était question de
s'assurer la possession d'un bien laborieusement acquis.

Mais on avait donné l'éveil à des passions ardentes et
cupides ; ces passions étaient alléchées ; elles étaient loin d'être
satisfaites. Elles se levaient alors avec un effet d'autant plus

énergique qu'elles cessaient de trouver un contrepoids dans l'élan de l'autre partie de la nation, qui, satisfaite et même effrayée de ce qu'elle avait osé, songeait déjà à s'arrêter. Ce qui, en 89, était un noble désir de liberté, devait devenir ensuite du fanatisme, du délire.

Pendant que la révolution changeait ainsi sa direction et hâtait sa marche, le vertueux Louis XVI, inhabile à conjurer un orage que, d'ailleurs, nulle puissance humaine n'aurait pu dissiper, voyait décroître rapidement le prestige attaché à sa puissance, la royauté n'était déjà plus qu'une ombre. Sentant bien que la main de fer qui l'entourait se resserrait chaque jour, il voulut se soustraire à ses étreintes et tenta de se rendre en Allemagne. Arrêté à Varennes, ramené à Paris, suspendu de ses fonctions pendant quatre mois, il accepta enfin une constitution qui lui rendait en apparence l'autorité souveraine.

Mais tous les partis avaient vu leur force et avaient connu sa faiblesse. Le roi n'était un obstacle pour personne ; pour plusieurs il n'était plus qu'un masque, pour d'autres un jouet, pour d'autres une victime.

Beaucoup de membres du clergé et de la noblesse, plusieurs des amis de l'ancien ordre, contrariés dans leurs affections, menacés dans leur existence, quittèrent le pays et se réunirent en Allemagne.

Les souverains de l'Europe, voyant grandir le principe démocratique, et comprenant qu'ils étaient menacés par le pouvoir qui renversait Louis XVI, se réunirent à Pilnitz et résolurent d'agir de concert pour essayer d'étouffer dès sa naissance ce géant qu'ils ne savaient pas devoir les renverser un jour.

Cette réunion et le traité qui s'ensuivit étaient pour la France des actes d'*hostilité* et d'*insolence*. Les souverains, persuadés faussement que ce qui se passait alors n'était qu'un trouble momentané qui n'avait rien de sérieux et de profond ; qu'ils n'avaient affaire qu'à une poignée de factieux, parlèrent avec une hauteur et une jactance que les événements ne justifièrent pas.

Dès que le manifeste fut lancé, il s'établit deux camps opposés. La propagande politique prit une activité prodigieuse. On prépara mutuellement des moyens de corruption, et cette guerre de trahison se continua plusieurs années. En écrivant ces lignes, nous avons sous les yeux une immense quantité de proclamations publiées alors. On y engage les soldats ennemis à déserter ; on achèterait leurs chevaux, leurs armes, leurs effets ; on leur assure un sauf-conduit, trois sous par lieue, une rente viagère de cent francs, etc. Lille était l'officine où les patriotes préparaient ces armes déloyales, quoique souvent employées.

De leur côté, les exilés usaient de moyens analogues. Les militaires qu'on dirigeait de l'intérieur vers la frontière étaient circonvenus ; des lettres souvent anonymes les appelaient en Allemagne, sinon on les menaçait de la mort, etc. Et ce n'était pas toujours de vaines paroles ; un sieur Marie Lebaron en fit entr'autres l'expérience : arrivé à Lille, il y faillit périr victime d'un guet-à-pens.

Il y a toujours dans chaque parti des hommes indécis et flottants, les uns par caractère, les autres par calcul, et qui se jettent du côté du plus fort. Tout le monde comprenait donc de quelle importance il était de donner aux affaires, dès le début, une tournure qui relevât un parti en décourageant l'autre.

Or, les affaires des patriotes paraissaient en fort mauvais état. Ils étaient sans troupes exercées ; ils n'avaient que des recrues indisciplinées, sans instruction militaire ; les cadres étaient désorganisés ; un grand nombre de chefs de corps avaient émigré en emportant la caisse et les fonds, les étendards, les contrôles. Dumouriez, alors ministre des affaires étrangères, guidé par une ambition plus empressée que généreuse, ne s'était nullement préparé à soutenir les hostilités qu'on allait entamer. Pas un canon n'était sur nos remparts; nous n'avions aucun approvisionnement en munitions et en comestibles ; il n'y avait à notre citadelle que vingt-cinq hommes pour le service de l'artillerie. Les adversaires n'ignoraient pas cela et concertèrent un plan dont l'habileté seule semblait devoir assurer le succès.

L'armée coalisée, forte de cent douze mille hommes, devait menacer à la fois la Champagne et la Flandre ; elle se serait portée vers le point qu'on aurait laissé découvert. Il ne faut d'ailleurs pas perdre de vue que les troupes autrichiennes, naturellement braves, s'étaient aguerries dans les combats contre les Turcs, et que les Prussiens étaient alors la meilleure armée de l'Europe.

Le duc de Brunswick, dans la proclamation qu'il fit paraître, ne parla pas de rétablir le trône chancelant, il déclara qu'il punirait comme rebelles tous ceux qui combattraient contre lui; que toutes les autorités constituées, tous les citoyens pris en délit de résistance, seraient punis de mort; que toutes les villes et villages coupables de la même faute seraient frappés d'exécution militaire et de pillage.

Quand Lafayette et la plupart de ses officiers eurent abandonné leur armée, les alarmes des *patriotes* devinrent plus vives que jamais; le moment décisif approchait et tous les appuis menaçaient ruine : aussi leur énergie prit-elle un caractère de violence que l'on ne connaît que trop. Toutefois, dans notre province, la révolution n'avait pas le caractère qu'on lui suppose généralement. En voici deux preuves entre mille qu'on pourrait citer.

Le 14 août 1792, la garde nationale était encore requise pour border un des côtés de la haie sur le passage de la procession du Saint-Sacrement; ainsi que cela s'était pratiqué jusques là, la milice citoyenne était du côté droit et la troupe de ligne du côté gauche. Ce ne fut que le 15 que, « *vu* » *l'incertitude du temps et la fatigue du service extraordinaire* » *dont la garde nationale était chargée,* » on donna contr'ordre: la procession eut lieu, pour la première fois, sans son concours. Néanmoins la messe de Saint-Roch eut lieu le lendemain, et suivant l'antique usage la municipalité s'y rendit en corps. Le maire était absent.

Pendant le siége et même jusqu'au 15 octobre, les affiches

et proclamations du conseil de guerre portaient toujours les antiques fleurs de lys, quoique la royauté eût été abolie, les Bourbons exilés et que la république fût proclamée depuis un mois.

Le 16 août 1792, André, maire de Lille, déclara officiellement que la patrie était en danger; la générale fut battue à sept heures du matin, une pièce de canon, placée au Champ-de-Mars, tira pendant toute la journée, d'heure en heure, trois coups d'alarme. Ce fut un élan général pour se dévouer à la défense des foyers. Pour recevoir les inscriptions des volontaires, on avait dressé trois estrades. L'une était sur la Grande-Place, où l'on avait posté six bataillons de la garde nationale; une seconde estrade était sur la place Saint-Louis, et une troisième sur la place de la Housse. A chacune de celles-ci se trouvaient trois bataillons; on y accourut avec enthousiasme faire le serment de vivre libre ou de mourir. Les jeunes hommes s'enrôlaient volontairement pour aller à la frontière; les canonniers se firent surtout remarquer par leur empressement et leur zèle; d'autres citoyens s'offraient pour défendre l'approche de la ville.

La compagnie des Vétérans et celle de l'Espérance * s'étaient rendues à la commune : on en vit plusieurs verser

---

* On appelait ainsi deux compagnies, l'une formée des citoyens actifs les plus âgés, et l'autre, qui ne comptait que des enfants de sept à quatorze ans, armés de carabines. On les nommait alors dérisoirement, l'un, *Royal-Pituite*, l'autre, *Royal-Bonbon*.

des larmes de dépit de ce que leur âge ne leur permettait pas d'être admis dans les rangs des défenseurs du pays.

Les nouveaux soldats se réunirent pour s'exercer au maniement des armes. La maison de chaque capitaine devint un point de réunion où l'on concertait des mesures efficaces. Les églises des maisons religieuses furent changées en ateliers, en hôpitaux : on y prépara du linge et des médicaments, etc.

Tout cela exaltait les esprits et remuait la masse du peuple. Aussi fallut-il doubler, tripler même les postes et faire, dès lors, de fréquentes patrouilles.

Les élections qui eurent lieu le 21, le 22, le 23 et le 25 août avaient organisé comme suit les chefs de la garde nationale : chef de légion, Briant ; adjudant-général, Valton ; sous-adjudant-général, Tavant ; 1.er bataillon, commandant en chef, Frey ; 2.e, Delattre ; 3.e, Lesage ; 4.e, Menart ; 5.e, Desmazières ; 6.e, Odelant-Dathis ; 7.e, Petit-Berghien (sic) ; 8.e, Fiolet ; 9.e, Florent ; 10.e, Augeard ; 11.e, Wellecomme ; 12.e, Jourdain.

Tandis que la majorité de la population marchait franchement dans cette voie de sacrifices et réclamait du ministre les moyens de rendre fructueux le zèle des hommes du nord, tandis que le commandant de la place écrivait itérativement dans le même sens, le ministre, sous une influence étrange, ne se pressait en rien et montrait pour nous une malveillance qu'il ne se donnait pas même la peine de déguiser.

Cependant le roi de Prusse s'emparait de Longwi (le 23 août) ; de jeunes filles, vêtues de blanc, allèrent au-devant

du monarque pour lui présenter des fleurs. Quelques mois
après ces têtes si fraîches avaient roulé sur l'échafaud
qu'éleva la vengeance après la reprise de cette ville par les
républicains. Les habitants de Longwi furent déclarés infâmes:
un décret ordonna que toutes leurs maisons fussent rasées.

Néanmoins Verdun ouvrit aussi ses portes aux étrangers.

La trahison qu'on redoutait faisait donner de l'importance
à toutes les remarques. Le 26 août, une lumière provenant
de la combustion de quelque corps, peut-être d'une botte
de paille, avait été aperçue sur les remparts de la citadelle.
On crut y voir un signal d'intelligence avec quelques traîtres
de l'extérieur. On en écrivit au ministre de la guerre qui,
dans sa réponse, parle avec pitié de ces craintes prévoyantes.

Le temps approchait cependant où l'on aurait reconnu
combien cette prudence était fondée.

L'armée du duc de Saxe–Teschen s'avançait vers le nord,
de manière à se concentrer, au besoin, sur Lille, Douai et
Valenciennes. Dumouriez, arrivé au commandement général,
n'avait guères qu'un corps d'armée. Il quitta Sedan pour
couvrir les frontières de l'est. Le nord resta donc à la discrétion
de l'ennemi, qui se développa dans sa ligne d'opérations.

Roubaix et Lannoy furent enlevés (le 5 septembre) par les
Autrichiens. Saint-Amand (le 8); Orchies et Tourcoing (le 10)
eurent le même sort.

A partir de ce moment et pour éviter toute surprise, cent
hommes bivouaquèrent chaque nuit sur les remparts; on
procéda au licenciement du régiment suisse de Diesbach. On

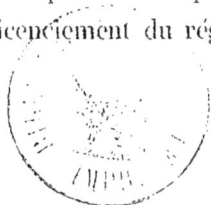

3

fit abattre les arbres qui se trouvaient à cent toises de la
lunette de Fives jusqu'à la Basse-Deûle. Les ouvrages en
maçonnerie qui existaient dans cette limite furent rasés.

Le 11, un bataillon venant de Douai à Lille fut assailli
par plusieurs escadrons de cavalerie ennemie, qui s'étaient
retranchés dans les bois de Ronchin. Nous leur tuâmes quarante
hommes et nous ne perdîmes que quelques prisonniers.

Dès qu'on apprit à Lille la nouvelle de cette attaque, on
battit la générale; la garde nationale prit les armes; le
général Ruault, secondé par Clarenthal, lieutenant-colonel du
6.e régiment de cavalerie, fit une sortie avec quatre cents
hommes d'infanterie et deux pièces de canon; mais il n'y
eut pas d'engagement.

Le système de défense fut poussé alors avec une nouvelle
activité. Pour éclairer la marche de l'ennemi et maintenir
les communications libres, on envoya des détachements à
Haubourdin, à l'abbaye de Loos, à Armentières. Neuf cents
hommes et quatre canons furent placés à Wambrechies et à
Quesnoy, etc.

Afin de se défendre mutuellement et de secourir la ville,
les communes des environs de Lille se concertèrent. Une
pièce intéressante, datée du 12 septembre et signée Labbe,
maire d'Haubourdin; Degland, de Wazemmes; J.-B. Fava,
d'Esquermes, nous montre que les volontaires s'étaient
organisés et que la liste en fut envoyée à Lille, le mardi
12 septembre, par la municipalité d'Haubourdin. En cas
d'alarme, le signal devait partir de Lille, au nom du conseil

de guerre; le faubourg des Malades devait le transmettre à
ceux d'Emmerin ; le faubourg de la Barre, à Lomme ; celui
de Notre-Dame, à Esquermes ; ceux d'Esquermes, à Loos,
qui de son côté avertirait Santes, Hallennes, etc., etc.

On envoya à Esquerdes, près de St.-Omer, pour avoir les
six cents milliers de poudre demandés. On pressa de nouveau
le Ministre et l'Assemblée nationale pour les munitions de
guerre et l'approvisionnement de quinze mille sacs de blé.

La nuit du 16 au 17, les Autrichiens vinrent jusques sur nos
glacis. Comme leur projet sur Lille n'était plus un mystère,
les volontaires des départements voisins accouraient dans
nos murs pour les défendre. Ces hommes étaient pleins de
résolution, mais n'avaient aucune pratique.

Ce fut alors qu'on reçut de Roland, ministre de l'intérieur,
une lettre qu'il nous semble difficile de qualifier et que nous
nous contentons de transcrire :

Aux Officiers municipaux de la ville de Lille, le 15 septembre 1792,
l'an quatrième de la liberté.

Les gémissements continuels que vous poussez, Messieurs, sont
fatigants. Le ministre de la guerre m'assure que vous êtes approvisionnés
en munitions, en hommes et en vivres, de manière à résister à des forces
bien autrement imposantes que celles dont vous êtes menacés. Vous
demandez des armes; mais à quoi vous serviraient donc des places,
s'il fallait toujours les défendre par des camps? Votre place défiait les
potentats du nord lorsqu'elle n'avait que des satellites du despotisme
dans ses murs; et elle tremblerait aujourd'hui qu'elle est défendue par les
soldats de la liberté! Cessez, Messieurs, cessez des plaintes pusillanimes

et déshonorantes ; ayez la noble fermeté de vous ensevelir sous les ruines de vos fortifications. Que vos ennemis connaissent ce généreux dévouement et vous les ferez fuir.

Ils n'inondent votre territoire, ils ne vous harcèlent que parce qu'ils espèrent encore trouver des traîtres ou des lâches. Voilà, Messieurs, ce que mon ame opprimée par votre manque de courage doit vous dire.

J'ajouterai cependant, pour exciter votre confiance, que si des dangers pressants vous environnaient, on volera de toutes parts pour détruire et combattre vos assaillants.

Le Ministre de l'intérieur,

Signé, ROLAND.

Cette lettre n'a pas besoin de commentaire, non plus que la réponse de la municipalité.

Lille, ce 19 septembre 1792.

Les Officiers municipaux de la commune de Lille, à M. Roland, ministre de l'intérieur.

Monsieur,

Le style et le ton de votre lettre du 15 de ce mois nous imposent le devoir d'y répondre, sous peine d'avouer par notre silence que nous méritons les qualifications infamantes de traîtres et de lâches. Nous allons le faire avec cette noble et franche fermeté que des hommes libres ne doivent perdre qu'avec la dernière goutte de leur sang, versé pour la défense de la patrie et de l'égalité.

Nous vous avons rendu avec exactitude les comptes de notre situation ; nous vous avons sollicité avec les plus vives instances, réitérées à mesure

de l'urgence des besoins impérieux, de nous mettre en état de faire
agir efficacement notre zèle et notre courage, ainsi que celui de nos
concitoyens, afin que nos efforts ne fussent pas perdus pour le salut de
la chose publique. A tout cela, Monsieur, vous répondez, le 15 de ce
mois, que nos gémissements continuels sont fatigants; que le ministre
de la guerre vous assure que nous sommes approvisionnés en munitions,
en hommes et en vivres, de manière à résister à des forces bien autrement
imposantes que celles dont nous sommes menacés.

Nous ne nous permettons pas de douter que le ministre ne vous ait
donné l'assurance dont vous nous parlez au sujet de nos approvisionnements, mais nous oserons lui dire, ainsi qu'à vous, Monsieur, que
les comptes à lui rendus sur cet objet sont d'une fausseté notoire,
constatée par les rapports de nos généraux, qui n'ont cessé de demander
toute sorte d'approvisionnements dont notre place avait besoin. Et vous
qualifiez nos sollicitations réitérées de gémissements fatigants que nous
poussons continuellement! Ainsi donc nos généraux poussent aussi
continuellement des gémissements fatigants, car ils ne cessent de
demander des forces..., des forces..., et puis encore des forces; non
parce que nous sommes menacés, mais parce que l'ennemi, après avoir
ravagé environ vingt lieues de notre territoire, est à nos portes.

Vous paraissez étonné que nous réclamons des armes et vous vous
écriez, avec le ton et les expressions de l'indignation : « A quoi
» serviraient donc les places, s'il fallait toujours les défendre par des
» camps? Votre place défiait les potentats lorsqu'elle n'avait que des
» satellites du despotisme dans ses murs, et elle tremblerait aujourd'hui
» qu'elle est défendue par les soldats de la liberté! »

Monsieur, il ne vous appartient pas de décider s'il faut ou non toujours
des camps pour défendre des places; mais nous pouvons dire avec
vérité que nos généraux ont unanimement pensé qu'il fallait un nombre
suffisant de troupes dans une place, quelle que fût sa force, non seulement
afin de pouvoir soutenir avec succès les attaques des ennemis qu'il est
impossible de repousser avec une poignée de soldats, mais encore pour
se mettre en état d'en purger absolument la terre de liberté, qu'ils ont
souillée, sans attendre leurs attaques.

Les habitants de notre ville, les soldats citoyens en petit nombre

qu'elle renferme, ne tremblent pas; ils en sont incapables, soyez-en
bien convaincu; mais ils veulent verser leur sang avec utilité pour la
patrie, et leur désir serait vain, leur but serait manqué, si on nous
laissait en l'état actuel des choses; vous n'y croyez pas, Monsieur, à en
juger par ces autres expressions de votre lettre :

« Cessez, Messieurs, des craintes pusillanimes et déshonorantes,
» ayez la noble fermeté de vous ensevelir sous les ruines de vos
» fortifications; que nos ennemis connaissent ce généreux dévouement,
» et vous les ferez fuir; ils n'inondent votre territoire, ils ne vous
» harcèlent que parce qu'ils espèrent encore trouver des traîtres ou
» des lâches! »

Notre cœur a bondi à la lecture de ce passage; il se soulève encore
en le transcrivant; et c'est à des Français, à des hommes libres, à de
braves citoyens, que vous vous permettez de tenir un pareil langage!
Non, Monsieur, non, il n'est pas de vous; c'est à coup sûr d'un de
vos commis, car vous êtes connu pour très-éloigné de penser aussi
défavorablement de vos concitoyens sans les connaître.

Quoi qu'il en soit, nous nous garderons bien de descendre ici jusqu'à
la justification. Forts de la pureté de nos intentions et de notre amour
inviolable pour la nation, pour la liberté, pour l'égalité; forts encore
de ces sentiments dont brûlent tous nos concitoyens, nous nous bornerons
à vous prier instamment d'ordonner à vos commis de mesurer désormais
leurs expressions et de n'en jamais employer vis-à-vis de nous d'aussi
déplacées.

Soyez en outre bien convaincu, Monsieur, que nos ennemis et
l'Europe entière apprendront que les Lillois sont dignes d'être libres,
et ne perdez jamais de vue ce que nos généraux répètent sans cesse
avec vérité comme avec raison : que le courage produit bien des actions
d'éclat, mais qu'il faut les continuer pour vaincre complétement, à
quoi il est démonstrativement impossible de parvenir sans un nombre
suffisant de combattants.

Voilà ce que notre cœur comprimé par votre langage, voilà ce qu'une
noble fermeté nous force impérieusement de vous dire; nous nous le
devions; nous y étions tenus par nos concitoyens outragés, et nous ne
pouvions nous en dispenser envers nos généraux, qui méritent à juste

titre notre confiance et sur la conduite desquels retombe cruellement la critique si peu méritée que l'on s'est permise de la nôtre dans vos bureaux.

Les Maire et Officiers municipaux de la
ville de Lille.

On voit que notre municipalité voulait douter de l'insolence et de la grossièreté du ministre ; pour lever toute incertitude à cet égard, il écrivit le 27 septembre la lettre suivante :

Vous paraissez douter, Messieurs, que la lettre que je vous ai écrite le 15 soit mon ouvrage : cessez d'avoir cette crainte injurieuse à l'attention que j'ai de surveiller tout ce qui porte ma signature. Ma lettre du 15 est le résultat d'une conférence du Conseil exécutif provisoire où j'avais porté vos plaintes. On y calcula les vivres, forces et munitions que vous aviez ; on fut d'accord que la place de Lille, secondée par la garde nationale de la ville, pouvait défier cent mille assiégeants et leur résister pendant plus d'un mois.

Je n'ai donc pu traiter que de faiblesse et de pusillanimité les plaintes continuelles que vous m'adressez ; et je vous répète que si l'ennemi venait à s'emparer de votre ville, il n'y a que la perfidie et la lâcheté qui pourraient lui en ouvrir les portes. Voilà mon opinion, je ne craindrai pas d'en rendre juge la France entière.

Le Ministre de l'intérieur,
Signé, ROLAND.

Le 18 septembre, nos députés, parmi lesquels figurait M. Vanhœnaker, faisaient à Paris le serment de « *maintenir de* » *tout leur pouvoir la liberté et l'égalité ou de mourir à leur poste.* »

Le 19, ils prenaient leurs passe-ports pour revenir à Lille.

Le siége de notre ville devenant imminent, on fit sortir de la ville toutes les *bouches inutiles;* les communautés religieuses furent congédiées et on leur défendit d'emporter leurs effets précieux. Les Dames de l'Abbiette, en particulier, furent ainsi privées de leurs meubles et d'environ 80,000 francs en numéraire.

Le 20, le procureur-syndic requit des patrouilles autour de la ville; des individus suspects rôdaient sans cesse dans les fortifications.

Il est à peine croyable qu'au milieu de ces circonstances on songeât encore à acheter des meubles! Cependant on vendait ceux qui provenaient de la confiscation des biens des émigrés. Cela eut lieu sans interruption du 18 au 22 septembre.

Le 20, une affaire eut lieu au Pont-Rouge; elle coûta aux ennemis deux cents hommes et à nous quelques blessés. Telle était du moins l'annonce du bulletin qui fut publié. Pendant que l'on se battait ainsi à nos portes, on procédait aux élections dans l'église des Jésuites.

Le 22, tandis qu'à Paris on proclamait la république, trois mille hommes et douze pièces de canon faisaient une sortie vers Comines pour en débusquer les Impériaux, qui n'en vinrent pas moins (le 23) asseoir différents camps dans le voisinage de Lille; les plus considérables étaient ceux d'Annappes et de Lezennes. Le lendemain, on apprit qu'un poste avancé du faubourg de Fives devait être secouru. Le général Duhoux, avec deux cents hommes, vint délivrer les soldats belges qui y étaient cernés, les remplaça par cent hommes de ligne, cinquante cavaliers belges et une pièce de canon. On donna une nouvelle activité aux mesures prescrites.

Le 25, on fit tendre la grande inondation; on prépara dans l'intérieur des réservoirs d'eau ; on mit en état de service les pompes contre l'incendie; on fit des dépôts de fumier; on se mit à confectionner des gargousses, des cartouches ; le papier et le parchemin des archives n'y furent pas épargnés ; on fabriquait des armes, des piques.... En trois jours, nos canonniers, aidés des travailleurs volontaires, établirent cent vingt plates-formes garnies de canons. Les magasins à poudre de la porte de Fives et celui de la Noble-Tour furent évacués; on abrita, à l'aide de blindages, ceux de l'esplanade et de la citadelle; les pièces que l'artificier avait en magasins furent jetées à l'eau*. Le lieutenant-colonel Guiscard fit préparer les batteries entre la porte Saint-Maurice et la porte des Malades.

Le zèle avec lequel on se disposait à la défense était spontané et ne laissait échapper aucune occasion de se montrer : on avait annoncé que les représentants du peuple envoyés à Lille devaient passer par Haubourdin et qu'ils couraient le plus grand danger. Aussitôt un détachement de la garde nationale partit avec deux pièces de canon pour protéger leur arrivée; mais ce n'était qu'un faux bruit.

Le 25, une sortie vigoureuse fut dirigée contre les ennemis. Elle était appuyée de six pièces de canon, dont deux de

---

* Il en reçut par la suite un dédommagement de 5,552 francs

position ; mais après une canonnade de cinq heures, à laquelle l'ennemi avait vigoureusement répondu, il fallut songer à se retirer ; ce qu'on fit en bon ordre et au petit pas. Parmi les canonniers bourgeois qui se distinguèrent à cette sortie, on cite les deux fils de M. Legrand-Leblond et le caporal Blanchez qui, après une longue lutte avec un soldat autrichien, le ramena prisonnier.

Le 26 au matin, on reconnut que la tranchée avait été ouverte. La ville était déclarée en état de siége. C'est ici que finissent ces considérations préliminaires.

PENDANT.

PENDANT.

Avant d'entrer dans le détail du siége, prenons connaissance des forces qui allaient se trouver en présence :

Les Autrichiens avaient onze bataillons d'infanterie, dont deux de réserve ; ces onze bataillons comprenaient vingt-cinq mille hommes ; de plus, onze escadrons de cavalerie : huit mille chevaux. Le matériel consistait en douze mortiers, cinquante

canons et les accessoires. Ces forces étaient évidemment
insuffisantes pour l'investissement d'une place telle que Lille.
Marlborough, en 1708, y était venu avec six mille chariots de
munitions, quatre-vingt-quatorze pièces de canon et soixante
mortiers, trente-un bataillons d'infanterie et trente-quatre
escadrons de cavalerie.

Les Lillois n'avaient d'abord que cinq à six mille hommes,
dont voici le tableau :

1.º Volontaires de la Manche..	....	522
Idem	de l'Oise, 1.er régiment.............	457
Idem	idem, 3.e régiment.............	457
Idem	de la Somme, 4.e régiment...........	576
		2,012

2.º Infanterie,	15.e régiment................	666	
Idem,	24.e régiment.............	575	2,399
Idem,	56.e régiment.............	645	
Idem,	90.e régiment.............	513	
3.º Cavalerie,	6.e régiment.............	356	
Idem,	13.e régiment.............	450	1,128
Idem,	1.er escadron de hussards.......	322	
4.º Canonniers, commandés par Perrin et Béatrix.......			132

A cela il faut ajouter les renforts qui nous étaient
successivement arrivés :

Du 11 septembre,	l'Eure...........................		467
Du 14	idem,	le Nord....	368
Du 20	idem,	le 2.e de la Somme..............	660
Du 21	idem,	du Calvados............. ...	654
		2.e Volontaires nationaux...... .	745
		Idem du Pas-de-Calais... .	482
			9,047

REPORT 9,047

Pendant le siége il nous arriva encore :

Le 74.e d'infanterie.	524	
Le 87.e d'infanterie.	429	
Le 4 octobre, le 22.e d'infanterie.	620	2,231
Le 5 idem, le 19.e d'infanterie.	658	
1.er octobre, Fédérés, 6.e régiment.	362	
Idem, 8.e régiment.	400	
Idem, 14.e régiment.	450	
Idem, 15.e régiment.	540	2,800
Idem, 16.e régiment.	480	
Idem, 17.e régiment.	568	

14,078

Si l'on y ajoute la garde nationale, composée d'environ huit mille hommes, les canonniers bourgeois, commandés par Niquet et Ovigneur, et les habitants volontaires, qui aidaient de toutes leurs forces, on verra qu'il y avait égalité numérique dans la lutte.

Mais les Autrichiens, trompés sur les dispositions des Lillois, comptaient sur leur concours pour forcer la garnison. C'est ce qui les porta à entreprendre un siége évidemment disproportionné. Au bout de quelques jours, voyant qu'on tenait ferme, ils voulurent frapper la population et dirigèrent l'effet destructeur de leur artillerie sur le quartier populeux de Saint-Sauveur, ainsi qu'on le verra dans la suite de ce récit.

Dans l'état de siége, le général Ruault, commandant de Lille, devenait maître absolu. La municipalité abdiquait

presque son pouvoir, ou du moins prenait un rôle secondaire ;
mais cette subordination, nécessaire à l'ordre, n'empêcha
pas que tous, citoyens et soldats, ne rivalisassent de bravoure
et de dévoûment.

On s'imagine difficilement le mouvement et la confusion
qui s'élèvent d'abord au sein d'une ville populeuse menacée de
destruction. Chacun vint proposer au chef militaire ses idées,
ses plans plus ou moins extravagants, plus ou moins perfides.
Ainsi qu'on le prévoit bien, tous ces conseillers inhabiles
ou méchants criaient à la trahison lorsque leurs avis paraissaient
méconnus. Ces cris augmentaient la défiance à laquelle on
n'était déjà que trop porté par suite des défections éclatantes
et inattendues dont on avait été témoin. L'ennemi se vantait
d'avoir des secrets tout particuliers pour prendre les villes,
et il le proclamait avec emphase et à grand bruit. Tandis qu'il
désignait probablement par là les intelligences qu'il espérait
avoir chez nous, la frayeur l'appliquait à tous ceux dont les
démarches ou les opinions paraissaient douteuses. De leur
côté, l'Assemblée nationale et le Ministère avaient le vertige
et ne savaient à qui se fier. Le général Duhoux arriva le 23
pour prendre le commandement ; mais cinq jours après il fut
rappelé et le général Ruault reprit une seconde fois la tête des
affaires.

L'effet des craintes qu'on répandait sur le compte de tous
ceux qui avaient quelque pouvoir se fit d'abord sentir à l'égard
de MM. J. Cordonnier, Ch. Fiévet, Poutrain et Couvreur,
qui avaient été députés à Paris. Ils étaient devenus tout d'un

coup l'objet de soupçons violents ; ils furent accusés d'avoir vendu la ville à l'ennemi, etc. Pour calmer un instant ces soupçons, ils demandèrent eux-mêmes qu'on s'assurât d'eux ; et le général les fit incarcérer pendant le temps du siége.

Pour déjouer les manœuvres qu'on redoutait, on créa un *comité central de surveillance civile et militaire.* Legros en fut le président ; Nivet, le vice-président ; Auger et Niquet en étaient les secrétaires. Ils faisaient tous partie de la société populaire. On ne sortit plus de la ville qu'avec une permission indiquant par quelle porte, pour quel jour, pour combien d'heures, etc. Mais ce comité lui-même devint l'objet de soupçons, d'accusations et d'une surveillance toute particulière.

Néanmoins, devant le péril, tout autre sentiment que celui de l'union et du patriotisme disparut ; le conseil de guerre, le conseil de la commune et le conseil de surveillance agirent de concert et s'aidèrent mutuellement.

La tranchée qui avait été ouverte par l'ennemi s'étendait depuis Hellemmes, à neuf cents toises de la place, sur la route de Tournai, jusques derrière Fives, qu'elle gagnait en formant quatre zig-zags, jusqu'à trois cent cinquante toises du saillant des ouvrages extérieurs du bastion de la Noble-Tour ; les batteries furent placées par échelons, à deux cents pas de distance les unes des autres.

Six cents volontaires nationaux, deux cent cinquante soldats belges * et cent cinquante chevaux firent une sortie sous les

---

* *Le Moniteur* du temps parle avec le plus grand éloge de l'intrépidité des soldats belges qui faisaient partie de notre armée.

ordres du maréchal-de-camp Ruault et de Champmorin,* son aide-de-camp, et chassèrent un instant les travailleurs ennemis. Le 27, on commença une lunette qui devait battre à revers les tranchées de l'ennemi, lequel abandonna alors son premier dessein et se décida à bombarder la ville.

Le 29, à onze heures, un parlementaire autrichien, le major d'Aspes, se présenta à la porte Saint-Maurice; il fut reçu par le capitaine Morand, aide-de-camp de Ruault, et Varennes, colonel du 15.e Ces officiers lui bandèrent les yeux et le conduisirent dans une voiture**. Introduit devant le conseil de défense, il remit au général commandant une lettre conçue en ces termes :

> M. le Commandant,
>
> L'armée de S. M. l'Empereur et Roi que j'ai l'honneur de commander est à vos portes; les batteries sont dressées; l'humanité m'engage, Monsieur, de vous sommer, vous et votre garnison, de me rendre la ville et la citadelle de Lille, pour prévenir l'effusion du sang. Si vous vous y refusez, Monsieur, vous me forcerez, malgré moi, de bombarder une ville riche et peuplée que j'aurais désiré ménager. Je demande incessamment une réponse catégorique.
>
> Fait au camp devant Lille, le 25 septembre 1792.
>
> *Signé*, ALBERT.

L'envoyé demanda à remettre l'autre lettre à la municipalité;

---

* Dans un rapport à la Convention, le 23 octobre, on mit en suspicion la conduite de ce militaire ; mais, le 7 novembre suivant, on rendit pleine justice à sa bravoure.

** Un trompette et trois hussards accompagnaient le major. Le trompette se

À la Municipalité de Lille,

Pour avoir votre Ville dans l'Armée de la Majesté l'Empereur et Roi
confié à mui-même, je viens en votre commune de la rendre, ainsi que
la Citadelle, offrir à ses habitants la poursuite protection. Mais si par
une vaine résistance on m'obligeait les affligés que je leur ferais des billets
étant en effet et porterait m'obstruer la Ville, la Municipalité sera responsable
à ce dont je en faveur des Malheurs qu'un pourra prévenir la suite nécessaire.

Fait au camp devant Lille ce 29e Septembre 1792.

Le Lieutenant gouverneur et Capitaine Généralales Armées l'Archiduc
et commandant général de l'Armée Impériale et Royale,

Albert
de rue

on lui fit savoir que les lois françaises ne permettaient pas de le laisser communiquer avec les citoyens. Il remit donc sa dépêche au président du conseil. Voici en quels termes elle était conçue :

Établi devant votre ville avec l'armée de S. M. l'Empereur et Roi confiée à mes ordres, je viens, en vous sommant de la rendre ainsi que la citadelle, offrir à ses habitants sa puissante protection ; mais si, par une vaine résistance, on méconnaissait les offres que je leur fais, les batteries étant dressées et prêtes à foudroyer la ville, la municipalité sera responsable envers ses concitoyens de tous les malheurs qui en seront la suite inévitable.

(Voyez le fac-simile.)

nommait Joseph Vins. Il est actuellement à l'Hôpital-Général de Lille, où il a été reçu il y a environ cinq ans. Un concours de circonstances assez singulières l'y a amené, et nous croyons devoir en retracer le sommaire dans cette note, que nous devons à l'obligeance de M. Gentil-Descamps.

Joseph Vins faisait partie du régiment de l'empereur (*kaiser regiment*) : il était de l'armée du duc de Saxe. Envoyé à Lille, il y entra les yeux bandés. A peine était-il dans la rue qu'il reçut dans le dos une brique lancée par une femme du peuple : il arracha alors le bandeau et aperçut son agresseur prêt à lui lancer un second projectile de même espèce ; l'escorte française s'y opposa. On arriva à l'Hôtel-de-Ville, où les envoyés restèrent quelques heures. On leur offrit du vin qu'ils acceptèrent. Lors du départ, les soldats de l'escorte donnèrent aux Autrichiens l'accolade fraternelle.

Joseph Vins avait la poitrine faible : après le siége de Lille, il fut employé deux ans comme *ordonnance*. Il servit ensuite en qualité de soldat dans le même régiment. En 1798, pendant la guerre d'Allemagne, ayant été envoyé à la découverte avec douze hommes et un maréchal-des-logis, il fut fait prisonnier et on le dirigea vers la citadelle de Lille. Il y apprit l'état de charron, s'y maria avec une fille de sa nation qui avait reçu de Joseph II une médaille d'enfant de troupe. Les deux époux vivent encore tous deux, et s'ils figuraient à la fête du cinquantième anniversaire, ils y ajouteraient un intérêt spontané, inattendu. Il serait beau

Ruault répondit au nom de la garnison :

La garnison que j'ai l'honneur de commander, et moi, sommes résolus de nous ensevelir sous les ruines de cette place plutôt que de la rendre à nos ennemis ; et ses citoyens, fidèles comme nous à leur serment de vivre libres ou de mourir, partagent nos sentiments et nous seconderont de tous leurs efforts.

L'envoyé du duc Albert reçut aussi la réponse qu'André, alors maire, * eut l'honneur de signer, au nom du Conseil municipal qui l'avait votée unanimement. Cette réponse est devenue justement célèbre. La voici :

La Municipalité de Lille, à M. Albert de Saxe, lieutenant-gouverneur et capitaine-général des Pays-Bas autrichiens.

Nous venons de renouveler le serment d'être fidèles à la nation, de maintenir la liberté et l'égalité ou de mourir à notre poste ; nous ne sommes pas des parjures.

(Voyez le fac-simile.)

Le Conseil se composait alors de André, maire ; Brovellio,

vraiment d'avoir pour proclamer notre gloire un homme qui faisait partie des ennemis que nous avons vaincus par notre constance, et que nous avons ensuite comblé des bienfaits de la charité publique.

* Nous aurions aimé à orner cette brochure du portrait du courageux magistrat ; mais nous n'avons pas été assez heureux pour nous en procurer un dessin. De la famille de M. André il n'y a plus actuellement personne à Lille, et il n'existe pas de tableau qui puisse nous aider à combler une lacune si regrettable.

M. André était originaire de Paris ; marié à Lille, il y vécut et y mourut après avoir été appelé deux fois à présider le conseil de la commune ; il n'eut point d'enfant : son frère n'eut qu'un fils dont la veuve habite Lille avec ses deux enfants.

La Municipalité de Lille a Albert de Saxe.

Nous venons de renouveller Notre Serment d'être fidèles à la Nation, de maintenir l'Égalité et la Liberté, & L'Égalité ou de mourir à notre poste.

Nous ne Sommes pas des parjures. Fait à la maison commune. Ce 29. 7bre 1792

Le Conseil general de la Commune de Lille.

Vu la Lettre originalle d'Albert de Saxe, en date de ce Jour, Adressée à la Municipalité de Lille et Apportée par un officier Autrichien; l'original de la Lettre dont la Minute est ci Dessus, Après en avoir Conferé avec M. M. André, Maire, Sacquelen, Procureur de la Commune, De Toudy et Moreau, Notables, Oui Le Procureur Syndic;

Nous Administrateurs Composant le Conseil Général du District de Lille, Approuvons la Réponse dont la Minute est ci Dessus.

Fait en l'Assemblée du Conseil Général du District de Lille, l'an 1er De la République Françoise, le vingt-neuf Septembre mil Sept cent quatre vingt-douze.

Pour Copie Conforme au Registre des délibérations du Conseil

Bernard, Saladin, Devinck-Thierry, Questroy, Brame, Mourcou, Lefebvre–Dhennin, Forceville, Scheppers, Selosse, Maricourt, Lachapelle, Mottez, présents à la délibération. A ces noms il faut ajouter ceux de Jacques Charvet, P.-M. Durot, J.-B. Hautecœur, qui étaient alors absents, mais qui adhérèrent. Les notables présents étaient Prouvost, Detoudy, Deledeuille frères, Laurent, Capron, Cuvelier, Taviel, J.-F. Becu et Ch.-L. Becu, Dehau, Degand, Houzé, Théry et Mannier, auxquels il faut ajouter T.-J. Roussel, J.-B. Walop, N.-J. Gentil, F.-J. Dupont, L.-J. Nolf, P.-J. Sauvage, P. Dupont, Ph.-Aug. Petit, F.-B. Théry, L. François, H. Moreau, A. Bryan, F. Martel-Delannoy, Ch.-F. Lefebvre, L.-A. Dathis, F.-J. Delannoy, L.-J. Decroix, H.-J. Pinte, L.-F. Darcy-Degand.*

Le 29, à une heure, l'officier autrichien repartit avec les mêmes précautions qu'à son entrée, et reporta ces deux réponses. Le peuple l'accompagnait en foule en criant : Vive la nation ! vive la liberté ! mort aux Autrichiens !...

Quelque décidée que fût la généralité de la population, ce ne fut pas sans angoisse qu'on attendit l'effet des menaces du

---

* Il est important de constater cette unanimité des Lillois que l'administration supérieure décourageait par ses plates injures. Aussi la municipalité fit-elle d'abord imprimer cent exemplaires des lettres reçues et des réponses faites. Le 2, elle en fit encore imprimer deux cents, et comme elle remarqua que ce style mâle et noble à la fois excitait la sympathie, le 3 octobre on en fit deux cents exemplaires, puis, mille autres, au bas desquels on ajouta cette note :

« *Quatre jours du bombardement le plus opiniâtre et le plus meurtrier supportés*
» *avec courage et sans murmurer de la part du peuple, répondent à toutes les*
» *calomnies semées avec malice dans les papiers publics les plus répandus.* »

Mais c'est anticiper sur l'ordre des événements : reprenons-en le récit.

général autrichien. Beaucoup d'habitants avaient fait partir
leur famille par la porte de la Barre, la seule qui fût restée
libre. Ce jour et les suivants, la route de Dunkerque fut couverte
de chariots sur lesquels étaient entassés des femmes et des
enfants avec ce qu'ils avaient pu emporter de meubles.

A trois heures, une décharge de vingt-quatre canons de gros
calibre et de douze mortiers et de quelques obusiers part des
tranchées ennemies. Elle est bientôt suivie de plusieurs autres
qui se succèdent avec rapidité et qui bientôt dégénèrent en un
feu réglé extrêmement vif qui couvre la ville d'une grêle de
bombes, d'obus et de boulets rouges. A ce signal, l'artillerie
de la place mêle son fracas à celui de l'artillerie autrichienne.
On entendit pendant le restant de la journée un feu roulant de
canons, de mortiers, de bombes, qui se prolongea toute la
nuit.

Plusieurs maisons ne tardent pas à s'embrâser et les habitants
se hâtent d'en sortir. Les groupes qui s'étaient formés dans les
rues, et parmi lesquels la malveillance hasardait déjà des
propositions sinistres, se dispersent à la vue des boulets qui
bondissent.*

L'incendie gagne et se multiplie dans les divers quartiers;
le feu se manifeste aux casernes Saint-Maurice, à l'église
Saint-Étienne. Des secours prompts et abondants, tantôt

---

* A la Croix-Sainte-Catherine, trois hommes, qui marchaient à quelque
distance les uns des autres, furent renversés par le même boulet. Une femme,
qui se tenait à la maison où est actuellement la *Grosse-Chaîne*, eut les jambes
emportées.

efficaces, tantôt inutiles, sont portés partout avec rapidité. La mort vole sur cette ville populeuse. Une terreur muette est peinte sur tous les visages. Le quartier Saint-Sauveur, plus immédiatement exposé aux coups, devient le foyer de l'incendie le plus violent. Une pluie extraordinaire de bombes et de boulets le rend inaccessible aux secours les plus intrépides. En vain deux magistrats et l'adjudant du génie Flayelle y pénètrent momentanément; ils n'y peuvent tenir que quelques instants; ils n'en sortent qu'à travers mille périls. Les flammes qui s'échappaient des portes et des fenêtres, les débris qui obstruaient les rues, ne permettaient plus d'habiter les rues du Croquet, de Poids, etc. Ne pouvant éteindre les flammes, on se borne à mettre un terme à leurs progrès et à les empêcher de franchir les rues qu'on leur prescrit pour limites. Plusieurs familles, qui s'étaient réfugiées pêle-mêle dans des caves, se croyant en sûreté sous de faibles voûtes, y trouvèrent une mort cruelle, étouffées par le feu et la fumée, écrasées par les bombes et les débris de leurs maisons embrasées. Chose remarquable, tandis qu'on eut à déplorer ces pertes, il n'y eut qu'un très-petit nombre de tués parmi les Lillois qui s'exposèrent avec tant d'intrépidité sur les remparts et dans les différents quartiers, dans les sorties, dans les travaux dangereux et pénibles auxquels ils couraient comme à l'envi*. Les boulets autrichiens ne furent cependant pas épargnés et ne manquaient

* L'état exact des morts n'a pu être dressé ; nous n'avons pu recueillir que les noms suivants : Lemaire, tanneur ; Lange, domestique de M. Théry-Falligan ; une femme de confiance chez M. Cuvelier-Brame.

pas de portée ; plusieurs même allèrent jusques dans la citadelle, où ils blessèrent des soldats.

A une première impression de terreur succéda dès l'origine une énergique résolution de résister et de s'ensevelir sous les ruines plutôt que de se rendre ou de capituler. L'animosité de l'attaque fit naître celle de la résistance ; et l'on peut dire, sans manquer à l'exactitude de l'histoire, que le courage des Lillois s'éleva jusqu'à l'héroïsme. Nos concitoyens ne se considérèrent plus que comme une seule famille dont les ressources et les intérêts étaient communs. Un accord parfait, un ordre complètement régulier s'établirent dès-lors entre les habitants, soit pour contribuer à la défense de la place, conjointement avec la garnison, soit pour sauver, s'il était possible, les maisons ou les édifices de leur ville naguère si florissante.

Pendant qu'une partie de la population active coopérait sur les remparts à la défense de la place, le reste, réparti sur tous les points, dans chaque quartier, dans chaque rue où l'on pouvait avoir quelque chose à craindre, se tenait prêt à porter des secours utiles et habilement dirigés. On parvint ainsi à diminuer beaucoup, sinon à neutraliser totalement les effets du bombardement. Des habitants veillaient constamment dans les lieux les plus élevés de chaque maison*, d'autres restaient jour et nuit sur le seuil des portes. On voyait venir les bombes, on reconnaissait les boulets rouges. On s'avertissait mutuellement

---

* Un ordre du 29 septembre défendait de poser pendant la nuit aucune lumière dans les endroits éminents qui auraient pu servir de point de mire aux ennemis.

et les projectiles enflammés ou ardents étaient saisis à l'instant
de leur chute avec des casseroles* ou des pinces *ad hoc*, et jetés
dans des chaudrons pleins d'eau qu'une prévoyance ingénieuse
tenait toujours prêts pour les recevoir. Ces chaudrons étaient
distribués à tous les étages, devant toutes les portes ; l'activité
des secours était prodigieuse. Dès qu'une maison se trouvait
atteinte par un boulet, un cri particulier avertissait les habitants
du voisinage ; vingt ou trente personnes accouraient au lieu où
l'on présumait que s'était arrêté le globe incendiaire ; on le
cherchait avec soin, et il était rare qu'on ne parvînt pas à le
découvrir**. Cette manœuvre, dont la nécessité ingénieuse
donna l'idée, contribua plus qu'aucune autre à arrêter les
progrès de l'incendie. Femmes, enfants, vieillards, tous
contribuaient de toutes leurs forces à l'entretien continuel de
ec pénible service. Lorsque l'incendie avait détruit une maison,
les malheureux habitants trouvaient autant de refuges qu'il y
avait de maisons dans le voisinage : c'était des parents, des
amis, des membres d'une même famille à qui l'on s'empressait
d'offrir, avec les consolations d'un tendre intérêt, toutes les
provisions et tous les secours dont on pouvait disposer.

De leur côté, les autorités, rassemblées à la Commune,
travaillaient sans relâche à procurer des secours et des

---

* Un avis imprimé et distribué par la municipalité le 1.er octobre avait
recommandé ce moyen.

** *Le Moniteur* du 19 octobre rapporte qu'un boulet rouge étant tombé sur le
coin du grenier de la maison d'un émigré nommé Grenet, rue des Jésuites, on
fut amené, pour chercher le boulet, à percer un mur assez épais, derrière lequel
on trouva des meubles, des glaces et effets précieux.

logements aux incendiés, des subsistances aux indigents. Des commissaires municipaux surveillaient les distributions des pompes, dirigeaient les bras, escortaient aux remparts les caissons de poudre.... Les habitants s'empressaient de faire le service du canon aux batteries, de fabriquer, de réparer le matériel ; et comme on avait à se défendre aussi contre les malveillants qui se trouvent partout, et qui alors, sous prétexte de porter des secours, entraient de force dans les maisons et les pillaient, des patrouilles spontanées aidaient au maintien de l'ordre.*

Une précaution qui contribua beaucoup à diminuer l'action incendiaire des boulets rouges, ce fut le soin que l'on prit de garnir de fumier les planchers des greniers. Pour faciliter les manœuvres on ne dépava que quelques rues (entr'autres celle de l'Abiette), mais celles où le feu de l'ennemi était particulièrement dirigé furent garnies aussi d'une couche de fumier qu'on arrosait souvent d'une grande quantité d'eau. Toutes ces dispositions, jointes à l'activité du service des

---

* C'est là une de ces calamités impossibles à supposer, qui ne sont pourtant que trop ordinaires dans les malheurs publics. Des malveillants de toute couleur abondaient alors à Lille et y neutralisaient les mesures de la prudence et du dévouement. Ainsi, par exemple, les crocs à incendie et les instruments de circonstance que la mairie avait fait confectionner, étaient déjà détruits au moment où l'on devait en faire usage ; on fut obligé d'en fabriquer à la hâte de nouveaux ; on s'empara des avirons des bélandriers ; deux cents haches, les couperets des bouchers furent distribués, et plus tard, après le siége, lorsque la municipalité réclamait la rentrée de ce matériel, malgré le remboursement intégral qu'elle fit de tous les dommages causés par le bombardement, plusieurs habitants retenaient ces outils et empêchaient qu'on ne les rendit.

LE PLAT À BARBE LILLOIS

(d'après le Tableau original par Watteau.)

citoyens et à un grand nombre de pompes dirigées rapidement
sur les endroits les plus menacés, rendaient les incendies de
plus en plus rares et permettaient de les éteindre facilement
lorsqu'on n'avait pu les prévenir.

Aux pompes de la ville on avait joint toutes celles que nous
avaient envoyées les villes voisines. Armentières nous en fournit
trois; Arras, une; Cassel, deux; Bergues, une; Aire et Saint-
Omer, trois; Béthune, une, avec le 8.ᵉ bataillon de Fédérés;
Dunkerque, cinq, des dix qu'elle possédait, avec un régiment
de Volontaires, le seul qui existât à Dunkerque. *

L'habitude courageuse que les Lillois et les militaires
acquirent promptement du péril du bombardement fut bientôt
marquée par un insouciant mépris des fureurs du général
autrichien. La témérité succéda à la terreur, et les journées
les plus fatales pour la ville furent marquées par des traits
d'audace ou d'héroïsme, ou même de gaieté.

Ainsi, pendant que des habitants se disputaient le glorieux
danger d'arracher la mêche enflammée des obus ennemis, un
d'entr'eux, le sieur Maes, perruquier, rue du Vieux-Marché-aux-
Moutons, courut ramasser un éclat de bombe et s'en servit à
l'instant comme de plat à barbe pour raser dans la rue quatorze
citoyens, riant au milieu du fracas des batteries ennemies.

Sur la Grande-Place, on fit des parties avec des boulets que
nous avaient envoyés les ennemis; les enfants reportaient à

* Comme ces pompes et les nôtres furent détruites, ou par l'usage, ou par la
malveillance, on en fit construire d'autres pour les rendre aux propriétaires. Le
compte de frais s'élève pour cet objet à 51.517 livres 15 sous.

l'Arsenal ou sur les remparts les projectiles qu'ils avaient ramassés. Un d'entr'eux n'ayant pas, pour relever un boulet rouge, la casserole dont étaient munis ses camarades, crut pouvoir se servir d'un chapeau. Cette enveloppe ne tarda pas à être brûlée, ainsi que les doigts de l'artilleur novice. Les spectateurs, riant de sa mésaventure, vinrent avec de l'eau, tandis que d'autres se détachaient du groupe pour arracher la mèche d'un obus et l'empêcher d'éclater.

Un boulet, lancé dans le lieu des séances du conseil de guerre, n'interrompit point la discussion. Seulement, un membre proposa de le déclarer en permanence comme l'assemblée, motion qui fut votée par acclamation.

Un grenadier d'un bataillon de Volontaires, voyant son capitaine renversé, court à lui et lui tend la main; à l'instant même une balle perce le poignet du grenadier; il présente l'autre main à son chef..... elle est emportée par un boulet. Sans proférer une plainte, il avance ce qui lui reste de bras et aide à relever l'officier.

Ovigneur servait une pièce sur le rempart; on accourt l'avertir que son épouse est sur le point de devenir mère; il s'informe si elle est en sûreté. Rassuré sur ce point, il reste à sa batterie. On vient lui dire que sa maison est en flammes; il voit en effet les tourbillons qui s'en élèvent. « *Eh bien!* dit-il, *moi, je suis à mon poste, je vais leur rendre feu pour feu.* »

Un sieur Lambelin avait sa maison attenante à l'église Saint-Étienne, qui était le point de mire des ennemis. Quand l'incendie se déclara, il voulut, au péril de ses jours, conserver le bonnet phrygien qui était à l'extrémité de la flèche ; il grimpa sur le clocher qui s'embrasait et rapporta son trophée à la Maison–Commune.*

Nos artilleurs se distinguèrent par leur adresse non moins que par leur intrépidité : Reboux, le plus adroit pointeur des canonniers lillois, lança au milieu d'un convoi une bombe qui fit sauter un caisson de poudre et tua tous les soldats qui le gardaient. Un boulet parti des remparts fit crever la culasse d'un mortier autrichien qui est encore aujourd'hui dans la cour de l'hôtel des Canonniers.

Bien des Lilloises ne montrèrent pas moins de courage que leurs maris. Elles s'occupaient à préparer de la charpie, aidaient à panser les blessés. Toutes les maisons étaient ouvertes à ceux qui avaient besoin de secours ; médicaments, nourriture, soins empressés, tout était donné sans paiement. Telle femme aujourd'hui encore vivante traînait de ses mains délicates, sur une pesante brouette, des boulets à nos canonniers sur le rempart.

Tandis que les uns se livraient avec ardeur et énergie aux travaux de la défense et s'abandonnaient à l'impulsion du zèle, d'autres s'adressaient au ciel pour lui demander le salut de la cité et le succès de tous ses efforts. Une image de Notre–Dame de Lille,** que l'on sauva lors de la destruction de l'église

---

* Recueil des actions héroïques, N.º IV, page 22.

** Elle était ainsi désignée lors de l'institution de la Procession de Lille en 1254 par la comtesse Marguerite. On la nommait aussi Notre-Dame de la Treille, à cause du treillis qui l'entourait. Elle avait, dans la collégiale de Saint-Pierre, une

Saint-Pierre, devint un point de réunion pour un bon nombre
de personnes pieuses qui se rassemblaient publiquement pour
prier auprès d'elle. Une *neuvaine*, commencée le premier jour
du bombardement, se termina le jour de la levée du siége par
les Autrichiens.

La Mairie ayant fait publier une proclamation où l'on disait :
« Les bons citoyens qui, la nuit dernière, se sont empressés
» d'offrir un asile à leurs frères, ruinés par le bombardement,
» sont invités à venir en faire la déclaration au secrétariat de
» la Municipalité, pour nous mettre en état de les récompenser
» ainsi qu'ils le méritent...... » Personne ne se présenta,
quoiqu'un grand nombre eut pu le faire.

Quand le Conseil général du district de Lille voulut distribuer
de l'argent aux ouvriers, plusieurs refusèrent de le recevoir
en disant : « Nous avons encore de quoi vivre quatre à cinq
» jours ; après cela, nous viendrons vous voir. » Le 5 octobre,
malgré les offres faites, il n'y avait que 830 livres environ de
déboursées de cette manière.

Les annales antiques ne nous montrent rien qui ne soit
au-dessous de pareils traits.

---

célèbre chapelle où Philippe-le-Bon institua, en 1431, l'ordre de la Toison-d'Or,
où Louis XIV prêta et reçut le serment d'usage. La dévotion à Notre-Dame de la
Treille devint si populaire à Lille qu'au commencement du dix-septième siècle,
Messieurs du chapitre de Saint-Pierre proposèrent au Magistrat de lui consacrer
la ville. Vasseur, en qualité de mayeur, répondit à leur délégué : « *Que Messieurs*
» *du Magistrat lui savoient bon gré de ce qu'il leur avoit proposé, et qu'ils feroient*
» *volontiers tout ce qui étoit à l'honneur de la sainte Vierge Notre-Dame de la*
» *Treille. C'est pourquoi ils accordoient de faire chanter une messe solennelle à*

Le 1.er octobre, deux incendies éclatèrent à la fois ; l'un à la Mairie, l'autre à l'hôpital militaire. On courut d'abord aux blessés. Chacun s'empara d'un invalide, le porta chez soi, et là il reçut tous les secours que son état réclamait. On revint alors à l'incendie et on travailla à l'éteindre.

La conduite des Lillois est d'autant plus digne d'éloges que

» l'autel de la même Vierge, en l'église de Saint-Pierre, où ils assisteroient en
» corps, et feroient porter les clefs de la ville pour être mises sur l'autel et offertes
» à Notre-Dame à la messe, la prenant de nouveau pour patronne titulaire : qu'à
» cette fin ils feroient porter par leur héraut le LABARUM de la dédicace, lequel
» demeureroit en ladite chapelle pour témoignage authentique de cette dévotion. »

En 1635, l'empereur d'Autriche, Ferdinand II, se fit inscrire, lui et sa famille, sur les registres de la confrérie. Ces noms furent envoyés en la forme qui suit :

Ad gloriam
Maximæ cœlorum terrarumque imperatricis
Mariæ
Ferdinandus II sacratissimus imperator
Ferdinandus III Hungariæ et Bohemiæ
Apostolicus rex
Cum conjugibus, augustissimàque familiâ
Imperatrice, reginâ
Archiduce filia Cæsaris
Ejusdemque serenissimis filiabus
Venerandis orbi sua nomina atque symbola*
Libro
Congregationis B. Virginis
a Cancellis
Inscrenda propriis manibus inscripsère
Pietatis ergo.
Viennæ Austriæ, in curiâ imperiali,
VI nonas maias anni M D C XXXV.

Nous devons cette note du P. Vincart à l'obligeance de M. Vitse.

* Ils envoyèrent aussi leurs armes.

celle de plusieurs des agents de l'administration centrale était
peu propre à l'inspirer. Il suffit de lire dans *le Moniteur* les
lettres qu'ils y ont publiées, pour se convaincre que c'était
des hommes peu aguerris et bien moins dévoués que notre
population, à laquelle d'ailleurs ils savaient rendre justice.

La dignité, le zèle et l'énergie de notre municipalité lilloise
n'étaient cependant pas encore suffisants pour lui assurer le
concours de tout le monde. Elle devait tenir tête aux ennemis,
aux ministres, aux mécontents, à l'incendie. Elle fut alors
calomniée; on cherchait à soulever contre elle le peuple
souffrant. Un placard du 2 octobre contient une adresse du
Conseil municipal aux Lillois, où il expose sa conduite et
cherche à désabuser la population qu'on s'efforçait de tromper.
Il offre de communiquer sa correspondance pour apaiser les
murmures. Pour aider à calmer toutes les craintes, le Conseil
de guerre publia, le 1.er octobre, la proclamation suivante :

L'an 1.er de la république.

Citoyens !

Vous le voyez, un ennemi atroce ne veut pas vous gouverner; il veut
vous exterminer. Courage! redoublez de zèle contre les incendies;
envoyez dans les campagnes libres vos tendres épouses et vos chers
enfants; défendez vos habitations des flammes; soyez assurés, soyez
absolument certains que la République, riche de ses vastes domaines et
des propriétés des *infâmes* émigrés, fera rebâtir vos maisons, vous
indemnisera de toutes vos pertes. Le Conseil de guerre en prend de
rechef l'engagement, au nom de la nation entière, *libre enfin de ses
tyrans.*

Signé, POISSONNIER, *secrétaire-greffier.*

Cet engagement paraît avoir été ponctuellement accompli.

Le bombardement continua *sans interruption* du 29 septembre au 3 octobre, c'est-à-dire plus de cent quarante-quatre heures. A cette époque, trente mille boulets rouges et six mille bombes avaient été jetés dans la ville. Ces derniers projectiles pesaient jusqu'à cinq cents livres, étaient pour la plupart remplis de clous, de morceaux de fer et de mitraille, afin que l'effet en fût plus meurtrier; d'après *le Moniteur* du 19 octobre, les Autrichiens auraient mis, dans les bombes qu'ils nous envoyaient, des fioles remplies de térébenthine; et quand l'explosion avait lieu, l'huile enflammée, en s'attachant aux boiseries, y mettait le feu. Quoi qu'il en soit, deux cents maisons avaient déjà été incendiées; un grand nombre d'autres étaient fortement endommagées.

Le feu des assiégeants, qui avait paru se ralentir dans la journée du 3, recommença le lendemain avec une nouvelle activité. Cette circonstance fut attribuée dans le temps à l'arrivée au camp de Marie-Christine, femme du duc Albert, archiduchesse d'Autriche, gouvernante des Pays-Bas. On reprocha à cette princesse d'avoir dirigé en personne le feu d'une batterie, mais ce fait, peu digne d'une femme, nous semble détruit par le silence des historiens dont le témoignage pourrait faire foi. Il est probable que du sommet d'une butte couverte par un retranchement très-épais, Christine, accompagnée des dames de sa cour, vint quelquefois contempler le spectacle du bombardement de Lille. On pourrait citer une foule d'exemples qui prouveraient qu'il y a dans le spectacle grandiose et extraordinaire d'un siége, des motifs suffisants

7

pour exciter une curiosité féminine, sans qu'on doive attribuer cette curiosité à un penchant à la cruauté. Ce qui est certain, c'est que le bruit se répandit à Lille que l'archiduchesse avait elle-même mis le feu à un mortier dirigé sur la place. Cette fable, répandue à dessein afin d'exciter l'ardeur des assiégés et la haine qu'ils portaient à leurs ennemis, eut dans le temps tout le succès qu'on s'en était promis. Christine fut surnommée *l'archi-tigresse* d'Autriche. Lors de la retraite des Autrichiens, les artilleurs lillois firent une ronde que l'on chantait en dansant dans la rue. Il suffira d'en donner un couplet.

Allegretto.

Ma-rie-Christine a-vait pro-mis, Ma-rie-Christine a-vait pro-mis De faire é-gor-ger tout Pa-ris, De faire é-gor-ger tout Pa-ris; Mais son coup est man-qué, Grâce à nos ca-non-niers. Dan - - sons la Car-ma - - gno - - le au jo-li son, au jo - - li son, Dan - - sons la Car - - ma - gno - - le au jo-li son du ca - - non.

E. Luverger, Typ.

On disait aussi que le général ennemi avait promis à ses

soldats de leur laisser piller Lille pendant quinze jours et jusqu'à ce que chacun d'eux eût mille écus en poche. Ces bruits et bien d'autres, répétés ensuite par les journaux, étaient accueillis par la foule et servaient à entretenir l'ardeur de la défense.

Pendant le court intervalle que l'ennemi avait cessé de nous écraser de son feu, le général Guiscard avait fait mettre en batterie sur le rempart vingt-huit mortiers d'un fort calibre. Vers deux heures après midi, leur détonation subite jeta la surprise dans les rangs ennemis et leur fit présumer qu'un renfort nous était arrivé. Cette pensée et le désappointement de voir leurs prévisions trompées, acheva de les décourager. Les Lillois, au contraire, s'exaltaient à la vue de leur prochaine délivrance et du concours qu'ils trouvaient de toute part. Ainsi Cassel nous envoya d'abord treize rasières de blé, puis neuf cent soixante-neuf pains, puis quatorze cent quarante-deux autres; La Ventie, quinze à vingt voitures de farine; le maire de Cambrai nous envoya de la viande salée de sa propre provision, etc., etc. Duhem, dans la séance du 2 octobre, ignorait probablement l'état des approvisionnements, car il assurait à la Convention que Lille n'avait pas pour deux jours de vivres. Le fait est qu'au moyen des efforts de la Municipalité on en avait enfin réuni pour plusieurs mois. Elle avait pris toutes les mesures que la prudence suggère; il avait été défendu de faire des pains au café et au chocolat et de confectionner d'autre pain que du pain bis.

Et les volontaires accouraient en foule. La compagnie de La

Ventie arriva le 2 octobre ; le 5, quatre à cinq cents volontaires de la garde nationale de Saint-Omer ; ceux de Doullens et de Fleurbaix suivirent cet exemple. Rouen dirigea sur Lille deux mille quatre cents volontaires, mais ils n'arrivèrent qu'après le départ des Autrichiens. Le général Lamarlière vint avec cinq à six mille hommes qui furent logés chez les habitants. On ne saurait dépeindre les transports avec lesquels on recevait ces compatriotes qui venaient prendre part aux travaux et aux fatigues du siége ; ils étaient accueillis comme des frères, comme d'anciens amis ; chacun leur offrait sa maison pour les y nourrir, etc.

Enfin, le 5 octobre, le jour même où Gossuin donnait à la Convention des nouvelles de *la malheureuse ville de Lille* et des maux qu'elle souffrait, les commissaires députés arrivèrent à Lille avec l'intention louable de partager aussi nos dangers ; mais heureusement ils purent s'en tenir là. Ils virent nos maisons en ruines et la stoïque fermeté des Lillois. Leurs lettres à la Convention expriment toute l'admiration qu'ils éprouvaient à la vue de si braves gens qui préféraient tout perdre plutôt que de se rendre. « Quels hommes, disaient-ils, » que ceux qu'on avait désignés comme des lâches qui » auraient cédé à la menace de l'Autriche!... » Etc.

Le même jour, les munitions commencèrent à manquer aux assiégeants. Leur feu se ralentit insensiblement ; les bombes devinrent plus rares ; les boulets rouges ne furent lancés qu'à de longs intervalles.

Néanmoins, deux quartiers et deux faubourgs avaient été

la proie des flammes quand l'ennemi arrêta enfin son feu.
Les artilleurs autrichiens, ayant épuisé tous leurs projectiles,
chargèrent leurs pièces avec des barres de fer, des chaînes,
des pierres et jusqu'aux poids de l'horloge de Fives. Un de
ceux-ci tomba dans la cheminée du sieur Duriez, cabaretier.
Cet acharnement insensé ranimait le courage des habitants,
en leur montrant l'extrémité où leurs ennemis se trouvaient
réduits.

Enfin, le duc Albert, informé des succès de Dumouriez en
Champagne et craignant de se voir bientôt attaqué par les
Français victorieux, se décida à la retraite.

APRÈS.

APRÈS.

Il était temps que le duc de Saxe se retirât. Son artillerie, hors de service par l'usage immodéré qu'il en avait fait, le défaut de munitions, l'accroissement successif du camp de Lens, où se réunissaient les bataillons de volontaires prêts à marcher au secours de notre ville, ne laissaient au général autrichien nul moyen de continuer le siége. On prétend qu'avant

8

de quitter la France il eut la pensée de renouveler sur
Valenciennes et sur Condé la tentative qui venait d'échouer
sur Lille. Mais l'approche de Beurnonville, l'arrivée prochaine
de Dumouriez, lui firent abandonner ce projet ; il se retira
précipitamment.

Le 7 octobre, il avait laissé un bataillon d'infanterie et de
nombreux piquets de grenadiers, avec une pièce de canon,
pour garder les retranchements. Les deux cents hommes qui
étaient allés éclairer sous les ordres du colonel Bourdeville,
rentrèrent en nous rapportant cette nouvelle.

Le 8, quand l'ennemi fut parti, Champmorin se dirigea sur
Fives avec cinq à six cents hommes et deux cents travailleurs.
La foule les accompagna pour visiter les retranchements
abandonnés. Ils étaient d'une profondeur si considérable que
le feu de la place, malgré sa grande activité, ne dut pas nuire
beaucoup aux assiégeants. Nos bombes seules ont à s'attribuer
la perte de deux mille hommes qu'ils firent pendant ces huit
jours*. On trouva un mortier, des affûts, des débris d'artillerie,
des chevaux de frise, etc., dont on chargea quinze à vingt
voitures. Chacun mit la main à l'œuvre, de telle sorte que
deux jours après il n'existait plus de vestige des travaux des
Autrichiens. Un sieur Leroux en avait levé le plan, qu'il
adressa à la Convention.

Toutefois, l'état de siége ne cessa que le 15 octobre.

* Le *Moniteur* parle de quatre mille Autrichiens tués autour de Lille. Mais
cette évaluation, exagérée à dessein, a été démentie.

Les représentants du peuple E.-J.-M. d'Aoust, Duhem,
J.-F.-B. Delmas, Duquesnoy, Gustave Doulcet, de Bellegarde,
ainsi que nous l'avons dit, n'arrivèrent à Lille que le jour
même où les Autrichiens se décidaient à la retraite; ils firent
afficher à Lille un placard contenant la proclamation suivante :

BULLETIN DE LA CONVENTION NATIONALE.

Lille, 6 octobre 1792, l'an 1.er de la république française.

Nous sommes entrés vers les huit heures du soir dans cette ville où
l'on rencontre à chaque pas les traces de la barbarie et de la vengeance
des tyrans.

Christine (sœur aînée d'Antoinette), d'après les rapports, est venue
jeudi jouir en personne des horreurs commandées par son frère, qu'elle
a si bien secondé. On a fait pleuvoir devant elle une grêle de bombes
et de boulets rouges pour hâter la destruction de cette belle et opulente
cité, qu'elle appelle un repaire de scélérats et qu'elle se plaignait de ne
pas voir encore détruite, et elle s'est donné le plaisir de lui envoyer de
sa main quelques boulets rouges.

Nos ennemis, trompés sur la fermeté et le patriotisme des citoyens
de Lille, comptaient qu'une insurrection allait leur livrer la place; et
c'est pour la provoquer que, sans s'arrêter aux lois de la guerre, ils
commencèrent leur feu au retour du trompette qui leur apportait la fière
et républicaine réponse que la Municipalité fit à la sommation du duc
Albert de Saxe, et qu'ils dirigèrent partie de leur feu sur le quartier
Saint-Sauveur, le plus peuplé de la ville, et dont les citoyens, toutes les
fois qu'il a fallu déployer l'énergie du patriotisme, se sont constamment
montrés les premiers. Mais le peuple, sur la lâcheté duquel on avait
fondé de coupables espérances, s'est montré un peuple de héros. Le
quartier Saint-Sauveur n'est plus, à la vérité, qu'un amas de ruines; cinq
cents maisons sont entièrement détruites; deux mille sont endommagées
par un feu d'artillerie aussi nourri qu'un feu de file. Mais c'est là tout ce

qu'ont pu faire les tyrans; ils n'entreront jamais dans cette importante
forteresse, dont ils ménagent les remparts parce qu'ils appartiennent au
roi de France, et les maisons dont ils n'épargnent que celles qui se
trouvent dans la rue Royale et les environs, quartier de l'aristocratie
lilloise. Sous cette voûte de boulets qui, dans les moments d'attaque,
couvre les citoyens que nous sommes venus admirer, encourager,
consoler de leurs pertes, on a appris à déjouer les projets destructeurs
de nos ennemis. On a descendu des greniers et des étages les plus exposés
tout ce qui pouvait servir d'aliment au feu. On a rassemblé à la porte
de chaque maison des tonneaux toujours remplis d'eau. Des citoyens
distribués avec ordre veillent les bombes et les boulets rouges et donnent
le signal convenu..... On a vu des volontaires, des citoyens, des enfants
même, courir sur la bombe et en enlever la mèche, courir après les
boulets pour les éteindre avant qu'ils eussent roulé dans les maisons....

Les Autrichiens ont beaucoup perdu. Leur feu a cessé il y a environ
deux heures et l'on dit qu'ils lèvent le siége. Ils se retirent, chargés de
l'exécration des habitants du pays qu'ils ont rempli de meurtres de toute
espèce, de brigandage et d'actes d'inhumanité, et de barbaries dont le
récit vous ferait frémir.

Une foule d'actions dignes des héros des anciennes républiques
méritent de fixer votre attention. Nous vous les présenterons dans une
autre lettre. Les citoyennes ont égalé les citoyens par leur intrépidité;
tous, en un mot, se sont montrés dignes de la liberté.

Aussi long-temps qu'avait duré le péril, on n'avait pas eu
le temps de le regarder en face. Dès que l'ennemi se fut
retiré, on put considérer les désastres. Rien n'était affligeant
comme la vue de certaines rues, par exemple, celles de Fives,
de Saint-Sauveur, de Poids, du Croquet, etc., etc. Ce n'était
qu'un monceau de décombres au milieu desquels se dressaient
quelques pignons isolés, calcinés par le feu, lézardés, menaçant
ruine. Quelques-uns portaient les traces des étages qu'ils

avaient supportés. Parfois une poutre noircie par le feu et à
demi consumée restait çà et là, suspendue par une de ses
extrémités, ou était tombée en équilibre sur quelque pan de
muraille dont la partie supérieure était renversée. Dans les
maisons non incendiées, le faîte des toits présentait de larges
brèches ; les ardoises, les tuiles, les vitres étaient brisées, les
planchers enfoncés*. Lors de l'incendie de Saint – Étienne,
le métal des cloches, fondu par la flamme, coulait comme
l'eau et se solidifiait dans sa chute en se mêlant avec celui des
gouttières, etc. Plusieurs des habitants conservent encore
des fragments plus ou moins considérables que l'on ramassa
dans le ruisseau. Les malveillants ne manquèrent pas d'aller
fouiller les cendres des habitations pour s'emparer de l'or,
de l'argent et des métaux fondus qui s'y rencontraient. La
municipalité dut proscrire ce genre de travail, ces débris
étant devenus propriété nationale depuis que la Convention
s'était engagée à rembourser le montant de toutes les pertes.
Les orfèvres, les marchands de fer, etc., reçurent des ordres
en conséquence. Par la suite, un membre du conseil municipal,
le sieur Derode, fut chargé de la vente de ces métaux ; il y en
avait plusieurs millions de livres.

Des particuliers conservèrent et placèrent dans la façade
de leur maison les boulets qui y étaient tombés et que les

---

* Dans le compte du paiement des indemnités pour les dégâts du bombardement.
nous voyons qu'une bombe tombée chez M. Dourlen, apothicaire, coin de la rue
des Douze-Apôtres, y causa un dommage évalué 1,600 florins 2,000 francs .

propriétaires regardent avec raison comme des joyaux qu'il est glorieux de conserver.

C'est avec le fer des boulets ennemis que sera fait le monument commémoratif de ce siége, et que Lille va ériger, le jour du cinquantième anniversaire.

L'église Saint-Étienne avait été complètement ruinée; l'église Saint-Sauveur avait perdu la belle flèche ainsi que les obélisques en pierre d'Avesnes qui couronnaient sa tour; l'élégante tourelle de la Bourse, le clocher des Jésuites, etc., avaient disparu sapés par les boulets.

La succession non interrompue des guerres dont la Flandre fut le théâtre explique facilement pourquoi l'on ne trouve pas à Lille ces édifices dont le reste du pays est si richement doté, et répond d'une manière honorable à ceux qui reprochent naïvement à Lille d'être privée de monuments. Qui a jamais songé à reprocher à un étendard les glorieuses brèches qu'y a laissées l'ennemi ou les stigmates qu'y a imprimés la bataille?

La retraite des Autrichiens était un événement de la plus haute importance; aussi la France républicaine applaudit-elle avec enthousiasme au courage des Lillois. Ce fut de toute part un concert unanime de louanges. Nous payons une dette de justice en rassemblant pour l'avenir les souvenirs relatifs à ces jours mémorables; et pourtant nous sommes très-sobres de noms propres, parce que promettre de nommer tous ceux qui se distinguèrent en cette circonstance, ce serait presque s'engager à transcrire les contrôles des corps d'armée qui se

trouvaient dans nos murs, et dresser la liste de la plupart de nos
concitoyens; la préférence donnée à quelques-uns deviendrait
une injustice pour ceux qui resteraient dans l'oubli; nous
dirons seulement que la défense de Lille en 1792 est un de ses
plus beaux titres de gloire et l'un des plus riches fleurons de sa
brillante couronne.

Et il ne s'éleva jamais de contradicteurs sur ce point.

Le canon cessait à peine de gronder que les habitants des
villes voisines venaient visiter les ruines de Lille et nous
consoler de nos pertes. Dumouriez, Beurnonville, adressèrent
aux Lillois des lettres de félicitation; douze départements et plus
de soixante villes de France leur témoignèrent leur admiration
pour un courage que Tallien déclarait à la Convention être
au-dessus de tout éloge.

Le département du Var demanda que sur le fronton des
portes de Lille il fût posé un marbre blanc sur lequel ces mots
seraient écrits en lettres de fer :

C'EST LÀ QUE LES TYRANS ÉCHOUÈRENT EN 1792.

Il voulait aussi que sur chaque maison rebâtie on gravât :

ELLE FUT DÉTRUITE PAR LES TYRANS;
ELLE A ÉTÉ REBÂTIE PAR LA RECONNAISSANCE NATIONALE.

Versailles proposa que les quatre-vingt-trois départements
envoyassent après la guerre leurs meilleurs citoyens pour
contribuer, en signe de respect et de reconnaissance, à relever

eux-mêmes nos maisons. La ville de Landser (Haut-Rhin) demanda que Lille fût exemptée pendant cent ans de toute contribution, et que Longwi et Verdun payassent le double pendant le même temps et que ces deux villes fussent privées du droit de défendre la patrie.

La Municipalité de Cambrai fit placer dans le lieu de ses séances l'inscription suivante :

AUX BRAVES LILLOIS
LA COMMUNE DE CAMBRAI RECONNAISSANTE.
EXEMPLE A SUIVRE.

Gossuin proposa (le 9 octobre) à la Convention de déclarer que *Lille avait bien mérité de la patrie.* Il voulait aussi qu'on nous envoyât une bannière aux trois couleurs, avec cette inscription :

A LA VILLE DE LILLE
LA PATRIE RECONNAISSANTE.

Et au revers :

PÉRISSE QUICONQUE AGIRA, PARLERA OU PENSERA
CONTRE LA RÉPUBLIQUE FRANÇAISE.

Il demanda, à titre de secours provisoire, *deux millions* de francs. Enfin, il voulait qu'on mît à prix la tête de « Albert-Ignace-François-Xavier duc de Saxe-Teschen, qui » avait, contre tous les principes, manifestement violé le droit » des gens et de la guerre.... » En conséquence, il requérait la Convention de déclarer que « la République française » permettait de courir sus et promettait une somme de cent

» mille livres à celui qui livrerait la tête du prince autrichien. »
Ces diverses propositions ayant été renvoyées à l'examen et
les choses paraissant devoir traîner en longueur, le 12 octobre,
le même Gossuin proposa de décréter uniquement que « *les
citoyens de Lille avaient bien mérité de la patrie,* » ce qui fut voté
à l'unanimité. Le décret, signé Monge et Garat, fut enregistré,
mais nous n'avons pu en trouver l'expédition régulière. Nous
avons une lettre du 23 octobre, par laquelle les commissaires
de la Convention à l'armée du Nord écrivent, de Lille, à
l'assemblée qu'ils n'avaient pas reçu officiellement le décret
en question, et ils en réclament l'expédition. Le vendredi
26 octobre, David parla encore à ce sujet ; il fit des propositions
pour un monument, des récompenses, etc.; mais l'assemblée
renvoya le tout au comité de l'instruction publique, et nous ne
voyons pas l'expédition officielle du décret, qui n'en fut pas
moins proclamé sur une estrade qu'on éleva à cette intention
sur les ruines encore tièdes du quartier Saint-Sauveur, dans
une large brèche qu'y avait faite le canon ennemi. Le mauvais
vouloir du ministre serait-il pour quelque chose dans l'omission
incroyable de la formalité de l'envoi officiel du décret ? Nous
l'ignorons. Ce qui pourrait autoriser le soupçon c'est la lettre
qu'il écrivit en octobre à l'occasion de l'indemnité ; elle n'est
pas moins curieuse que les autres que nous avons citées.

Paris, le 25 octobre 1792, l'an 1.er de la république françoise.

A Messieurs les Officiers municipaux de Lille ;

Vous faites, Messieurs, une mauvaise interprétation de la loi du 2 de

9

ce mois : elle dit positivement qu'il vous sera fait l'avance de 400 mille
francs ; comme toute avance entraîne l'obligation du remboursement ,
vous ne pouvez pas vous dispenser de vous y soumettre.

Que la Convention nationale vienne ensuite à votre secours ; qu'elle
vous accorde de justes indemnités des pertes que votre courage et votre
patriotisme vous ont fait supporter, rien n'est plus juste, et je ferai
moi-même tous les efforts pour appuyer vos réclamations, parce que je
suis convaincu que la France entière vous doit de la reconnoissance ;
mais vouloir dicter vous-mêmes des loix à cette reconnoissance, c'est
aller contre vos intérêts et tenter une chose qui n'est pas en votre
pouvoir.

Le Ministre de l'intérieur,

Signé , ROLAND.

Nous avons cherché vainement le motif de cette disposition
particulière du ministre Roland. Nous avons d'abord supposé
que la crainte de voir Lille ouvrir ses portes aux étrangers
l'empêchait d'y envoyer des armes et des munitions qui auraient
été la proie de l'ennemi, et nous expliquions ainsi l'humeur
qu'il exhale dans ses inconvenantes réponses. Mais cette
supposition n'est plus recevable, puisqu'après la retraite des
Autrichiens son ton reste le même et laisse voir un dépit et
une susceptibilité complètement déraisonnables. Faudrait-il
admettre que , dans la vue de servir la cause royale , il aurait
refusé à notre ville les secours qui lui auraient été nécessaires ,
et que, trompé dans ses prévisions, il en aurait témoigné
son mécontentement ?.... Mais si telle avait été sa pensée,
n'aurait-il pas, au contraire, pris soin de la déguiser ?....

Quoi qu'il en puisse être, Paris donna le nom de *Lille* à
la rue qui, jusque-là, s'appelait la rue *Bourbon*. Sous la

Restauration, ce dernier nom reprit son ancienne place, et celui de *Lille* fut effacé. Mais en 1830, sur la proposition de M. de Brigode, le nom de *Lille* fut restauré à son tour et s'est conservé jusqu'aujourd'hui.

Charleville suivit cet exemple. La *place de Nevers*, la *rue de Nevers* et la *rue du Palais* reçurent le nom de *Place de Lille*, *Haute-Rue de Lille* et *Basse-Rue de Lille*. Depuis cette époque, la *place de Lille* a repris son ancien nom; mais M. le maire de Charleville, dans sa lettre du 1.er août 1842, nous atteste que les inscriptions que portent actuellement les rues citées sont les suivantes : *Rue-Haute de Lille, dite de Flandre, Rue-Basse de Lille, dite du Palais.*

Marseille donna aussi à une de ses rues le nom de Lille.

David avait proposé à la Convention qu'un monument en granit français fût érigé à Lille, et que les débris des marbres et des bronzes des statues des cinq derniers rois y fussent employés pour les ornements. Il proposa de donner une couronne civique à chacun de ses habitants et d'inscrire leur nom sur le monument. Watteau examina le projet de l'artiste conventionnel et le modifia en quelques points; il désirait que le monument fût placé sur le *Champ-de-Mars*, etc.

Plusieurs poètes rimèrent des couplets sur des airs alors à la mode, entr'autres un sieur Ragon de Fère-en-Tardenois*.

---

* Dans l'accusé de réception, on lui dit : « Vos charmants couplets, citoyen, ne nous laissent que le regret de ne vous avoir pas eu pour témoin de l'action que vous célébrez si bien. Vous eussiez pu devenir le chantre et le héros de *la Lilliade*. »

Les théâtres s'emparèrent d'un fait si propre à entretenir l'enthousiasme. Desfontaines et Chardin composèrent une scène lyrique qui fut remise au directeur du théâtre de Lille. On joua à Feydeau et ailleurs *le Siége de Lille*, *le Serment du Siége de Lille*, etc., etc. Le faubourg Saint-Antoine nous envoya par deux députés une branche de chêne et une branche de laurier. Dans le discours qu'ils prononcèrent à la société populaire de Lille, on remarque les passages suivants :

« C'est bien ici que l'on respire dans toute sa pureté l'air sacré du pratriotisme ! Vos murs détruits attestent l'excès de la férocité des tyrans et l'excès de la bravoure d'un peuple libre !.... Des hommes vont pour augmenter leur foi visiter les tombeaux des législateurs qui fondèrent leurs lois !.. Tous les vrais républicains viendront faire ici un pélerinage patriotique.... L'accolade fraternelle que nous vous demandons nous communiquera une partie de vos forces... Vous serez pour nous ce qu'est l'aimant à l'acier ; il lui procure une partie de sa vertu sans rien perdre de la sienne.... »

La reconnaissance nationale ne se borna pas à de stériles témoignages d'intérêt. La Convention fit rembourser les dommages occasionés par le bombardement. Dans les états de ces remboursements, on trouve le paiement de tous les dégats, depuis un franc, payé à la veuve Vanakere, rue des Tanneurs, 345, pour la totalité de sa perte, jusqu'à 180,000 francs, deux tiers des pertes de la Maison-de-Ville, maximum des sommes particulières. Le compte de la recette s'éleva à 4,470,314 francs, dont 1,320 restitués par un inconnu ; et les paiements faits, il restait encore en caisse 970,789 francs.

La valeur des effets, des meubles, des maisons, etc., était remboursée sur l'état que dressait chaque réclamant, après avoir fait le serment de n'augmenter en aucune manière le montant des dommages éprouvés. On voit figurer aux comptes un grand nombre de sommes considérables. M. L. Mouque, rue Saint-Sauveur, 1260, reçut 65,000 francs; un grand nombre d'autres, 50, 40, 30, 20 mille francs. Les administrateurs de l'église Saint-Sauveur reçurent 51,564 francs. Ceux de l'église Saint-Maurice, 6 à 7,000, etc. Un seul individu, le sieur......, qui réclamait 40,000 francs, fut ajourné, vu l'exorbitante et évidente exagération de ses prétentions. Plusieurs Lillois, entr'autres M. Lethierry, firent remise de toutes les sommes qui pouvaient leur être dues pour les dégâts du bombardement, et déclarèrent qu'ils répareraient à leurs frais leurs maisons à demi ruinées. On afficha dans le temps plusieurs listes de personnes qui, dans leur dénûment, trouvaient encore le moyen de venir au secours de leurs concitoyens plus malheureux.

Et les militaires eux-mêmes prélevaient sur leur paie pour nous apporter leurs offrandes. Des chasseurs volontaires nous firent parvenir par M. Fevez 229 livres, montant de leur cotisation; le 9.e régiment d'infanterie, à Belle-Ile-en-mer, envoya 1,500 livres; le 2.e bataillon du Pas-de-Calais, 875 livres; les Fédérés de Noyon, 400 livres; le 1.er bataillon du 10.e régiment, 530 livres, etc. La ville de Meyssac (Corrèze), celle de Saintes et beaucoup d'autres nous adressèrent leur contribution patriotique. Dunkerque fournit 1,523 livres ; Marseille , 1,550 livres ; Beauvais , 1,594 livres ; Rouen , 2,070 livres ; la section de 1792 , à Paris , 3,560 livres , etc. La plupart de ces sommes étaient le produit de représentations faites au bénéfice des Lillois.

Et de simples particuliers venaient au secours de la ville. Le maire de Cambrai , M. Caudron , demanda trois blessés pour les soigner chez lui ; M. Aubry, de la même ville , *sollicita* pour en avoir douze. Le sieur Jousseaume , de La Rochelle , préleva sur son petit avoir 3,000 fr.; et ce généreux donateur, accablé d'infirmités , n'avait aucun moyen de remplacer le vide que faisait à son budget sa charitable largesse !!...

Un spectacle non moins touchant , c'était de voir le lieutenant-général d'Aumont , le général Bourdonnaye , le général Dejean , etc. , qui , pénétrés d'admiration pour le dévoûment des Lillois, faisaient hommage à ces *bourgeois* de toutes leurs décorations militaires.

Justement désireuse de laver aux yeux de toute la France les souillures qu'on s'était efforcé de lui jeter , la Municipalité fit imprimer le recueil de toutes les lettres qu'elle reçut en cette occasion ; et elle se contenta de demander qu'une médaille commémorative fût frappée pour être distribuée à tous les défenseurs. Mais les divers projets eurent un sort commun ; ils n'arrivèrent pas à exécution. La longue guerre qui suivit ne permit plus d'y songer. Seulement on fit un fort mauvais tableau qui représente la France couronnant la ville de Lille. Celle-ci , pâle et affaiblie, est assise, s'appuyant sur une massue

qui écrase l'aigle autrichienne expirante ; une légende rappelle
que Lille *a bien mérité de la patrie*. Ce tableau est sur le palier
de l'escalier du Musée , non loin du médaillon du malheureux
Feutry, cet écrivain estimable d'ailleurs , à qui la misère et
le malheur ont fait perdre la raison , et qui finit ses jours par
un suicide. S'il faut respecter le scrupule qui met ainsi à la
porte du Musée celui qui termina sa vie par un crime , en est-il
de même du tableau en question ? Est-ce bien là une place qui
lui convienne ? Est-ce dans le corridor d'un escalier qu'il faut
reléguer le seul souvenir officiel du siége de 1792 ? Ne devrait-il
pas occuper une place d'honneur , sinon au Musée, où la
préférence ne s'accorde qu'à l'éminence du talent, du moins
dans un salon de la Mairie, où il devrait figurer sans cesse aux
yeux des magistrats et leur rappeler le courage et l'énergie de
nos ayeux , qui ne voulaient à aucun prix supporter le joug
de l'étranger ?

Ou plutôt n'est-il pas temps, à une époque où les arts
obtiennent de si beaux triomphes , de les convier à la
célébration de nos fastes ? Watteau a peint aussi une grande
toile représentant le *Siége de* 1792 ; une gravure médiocre l'a
reproduite, et il faut savoir bon gré à ceux qui ont tenté ces
premiers essais ; mais tout cela n'est pas à la hauteur où nous
devons nous placer. Le conseil municipal , dont les magnifiques
largesses font tant d'avances pour l'instruction publique , pour
les sciences, pour les arts, songera sans doute bientôt à
commander pour la salle de ses séances une suite de tableaux où
seront représentés les principaux faits de notre histoire locale

et qui réaliseraient enfin une pensée patriotique à laquelle ne suffisent pas ceux dont nous venons de parler.

Il est dans le cœur de tous les bons citoyens (et Lille n'en manque pas) de conserver des souvenirs qui font la gloire du pays. Or, si dans les trois derniers siéges que soutint notre ville on vit des choses mémorables, rien ne peut être comparé à ce qui eut lieu dans celui de 92. Pendant dix-huit jours que Louis XIV cerna la place, il ne tira que *onze à douze mille coups de canon*, et presque toujours contre les murs, qu'il battait en brèche ; en 1792 il en fut tiré plus de *quarante mille*, dont l'effet destructeur et incendiaire se porta contre les habitants et leurs demeures. Louis XIV réclamait des sujets ; les Autrichiens voulaient écraser des ennemis. Le monarque français lança *une centaine* de bombes ; le duc de Saxe nous en envoya *six à sept mille* pendant un espace de temps moitié moindre. Les moyens de destruction étaient donc centuplés. Au siége de 1708 les alliés voulaient aussi s'emparer de la ville ; mais ils en ménageaient les habitants, et c'était au point que les représentations du théâtre avaient lieu chaque jour comme si l'on eût été en paix. Dans ces trois siéges, les bourgeois se montrèrent braves, généreux, dévoués ; mais dans le premier ils durent rester en arrière-ligne ; le général Spinola, sans énergie, sans habileté, sans expérience, les écartait pour mettre en avant un ramas de vauriens pris chez les Espagnols, les Italiens, les Allemands. Aussi l'on peut dire que Louis XIV ne trouva pas alors des adversaires dignes de lui ; lorsque quarante ans après Boufflers tint tête à Eugène et à Marlborough, la scène changea ; ce fut une belle lutte que celle qui eut lieu sur la brèche de nos remparts, entre les troupes les plus vaillantes et les généraux les plus habiles de ce temps. La victoire, chèrement achetée, fut honorable, ainsi que la résistance ; mais ici les Lillois étaient encore au second rang. En 1792, au contraire, ils se montrent au premier, et à leur côté les braves auxiliaires qui accouraient auprès d'eux. C'est véritablement aux *bourgeois* que revient l'honneur de la résistance à une attaque d'une violence inouïe et d'une cruauté que les lois de la guerre ne sauraient justifier. La spontanéité du mouvement qui porta nos pères à braver les périls, à regarder comme secondaire la conservation de leurs richesses et de leurs propriétés ; l'intrépidité qu'ils montrèrent au milieu de ces circonstances si propres à ébranler le courage d'hommes dont les goûts et les occupations paisibles se trouvaient si brusquement et si profondément troublés, font de ce siége quelque chose de tout spécial que l'esprit de parti doit lui-même admirer quand il contesterait le principe au nom duquel il avait lieu. Il n'est pas si commun dans notre histoire moderne de voir ce qu'on croit un intérêt moral, un devoir, préféré à l'intérêt matériel, et il faut en consigner le souvenir dans la mémoire de nos enfants.

Bonaparte, soigneux de conserver les grandes choses, se garda bien de laisser perdre celle-ci. Il rendit à Lille des armoiries. C'était une ville assiégée, au-dessus de laquelle se croisent les paraboles des bombes. La Restauration rendit à notre ville son ancien écusson légèrement altéré. La Révolution de 1830 nous en priva tout-à-fait. Aujourd'hui, la seule peut-être de toutes les villes de France, Lille n'a plus d'écusson! Il semblerait que son histoire ne présente aucun symbole glorieux et qu'elle soit honteuse du passé ou indifférente de l'avenir. Puisqu'on en est à réparer un injuste oubli, ne pourrait-on pas recomposer nos armoiries? De l'antique fleur de lys et du lion noir de la Flandre, que portait en 1235 le scel échevinal, sous la glorieuse Jeanne de Constantinople; de la ville assiégée que nous octroya Napoléon, ne pourrait-on composer un écu triparti aux couleurs françaises, pièce historique et glorieuse à la fois, qui rappellerait tous les souvenirs chers à notre province?* Nous soumettons cette idée aux amis de notre gloire nationale.

Cinquante ans se sont écoulés depuis le siége mémorable, et la postérité, juge équitable des belles actions, a voulu que le souvenir de celle-ci ne fût pas perdu. La Société royale des sciences, de l'agriculture et des arts de Lille, interprète du sentiment général, a mis au concours une pièce de poésie pour célébrer cette époque. Notre qualité de sociétaire nous exclut du concours, mais nous avons cru devoir répondre à cet appel. Notre travail, faible et imparfait, témoigne du moins de notre zèle. Dût-il être déclaré *au-dessous de la critique*,

---

* Cet écusson serait donc :

Triparti de face aux couleurs françaises ; au chef d'azur à la ville d'or bombardée de même ; face d'argent au lion passant de sable : à la pointe de gueules à la fleur de lys d'argent ; couronne murale.

nous souscrirons sans réplique à cet arrêt, pourvu qu'on nous accorde que si Lille compte parmi ses enfants de plus habiles poëtes, elle n'en a pas qui soient animés d'un plus sincère amour de la patrie !

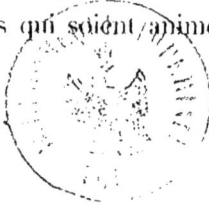

Le Siége de Lille.

Liberté et Cité.

I.

Quatre-vingt-douze ! ô temps fameux en nos annales !
Où rayonne au milieu d'ignobles saturnales
    Le saint nom de la Liberté !
Chaos où se heurtaient l'infamie et la gloire !
Temps qu'il faut rappeler sans cesse à la mémoire
    Des enfants de notre cité,

Salut ! car à ta vue, hélas ! si plus d'un frère
Doit abriter son front dans l'ombre et la poussière
    (Front rouge de honte ou de sang),
Lille n'a pas trempé ses mains dans cette fange :
Ses fils ne craignent pas que l'histoire se venge
    Et les stigmatise en passant.

Quand Paris, sans pudeur se roulant dans l'orgie,
Hurlait, s'abandonnant, au sein de l'infamie,
    Aux baisers des Septembriseurs,
Chez nous on préparait l'autel expiatoire
Où nous allions bientôt obtenir, de la Gloire,
    Le pardon de tant de fureurs.

II.

L'Europe se liguait : la France chancelante,
Enivrée aux vapeurs de la liqueur puissante
    Dont elle venait de goûter,
Se levait. Les Français proscrits, tyrans, victimes,
Sans Dieu, sans Roi, sans pain, couraient vers les abymes
    Sans rien voir, sans rien écouter.

D'insolents étrangers menaçaient la patrie :
Faible, expirante, hélas ! la royauté flétrie
    N'avait à la main qu'un roseau.
Et quand autour de nous s'amassa la tempête,
La couronne arrachée à la royale tête
    Laissait déjà place au couteau.

Aurions-nous abaissé notre front sous la hache
Comme fait un esclave ? ou bien comme le lâche
    Que la mort peut faire pâlir ?
Non !... malheureux celui qui n'a pas dans son âme
Une corde qui vibre, un foyer qui s'enflamme
    Alors qu'on voudrait l'avilir !

Au malheur opposons sans cesse la constance
Mais lorsque vient la honte !.. ah ! faisons résistance
De l'honneur telles sont les lois !
Il faut que le devoir ait tout s'accomplisse.
Et tout perdre pour lui c'est un doux sacrifice.
Honneur, honneur, au nom Lillois !

Honneur a ces martyrs de notre sainte cause.
Honneur aux citoyens qu'un jour métamorphose
En intrépides combattants !
Gloire aussi, mille fois, à ces vaillantes femmes
Qui virent, sans trembler, et la mort et les flammes
Sur le berceau de leurs enfants !

Ombre de nos aïeux ! sortez de la poussière
Femmes, enfants ! guerriers ! venez à la lumière.
Qui va resplendir sur vos noms.
Accourez dans l'enceinte, assistez à la fête
Où l'on va couronner l'éloquent interprète
De tous vos pieux rejetons ! '

III.

Poètes, déroulez ces tableaux magnifiques
Et ces chants, destinés par vos accords magiques
A l'avenir le plus lointain.
Montrez-nous ces clochers dont la pointe coquette
Tombait sous les boulets, comme sous la baguette
Tombaient les pavots de Tarquin.

Montrez-nous les Lillois, couronnant leur muraille,
S'exposant à tomber frappés par la mitraille,
Ou bien par le globe brûlant !
Montrez-nous Pennemi, dans sa ligne profonde,
Qui serpentait au loin comme une hydre sur l'onde
Nous criant d'un air insultant

« La foudre s'irrite et s'apprête
Elle menace vos remparts;
Elle va frapper votre tête,
Vous atteindre de toutes parts.
Ouvrez-nous votre citadelle
N'opposez pas un front rebelle
A l'impériale faveur;
Ou, si par votre résistance,
Vous méconnaissez sa puissance,
Redoutez tout de sa fureur ! »

Dites comment à ce langage,
Qu'on jetait à notre cité,
Des Lillois l'antique courage
Frémit d'une noble fierté.
En enfants de Lacédémone
Méprisant la royale aumône
Et l'impérial châtiment,
Ils répondent à ces injures :
« Nous ne sommes pas des parjures
Et nous tiendrons notre serment.

« Si le trône ébranlé chancelle
« La Patrie est encor debout.
« Nous vivrons, nous mourrons pour elle
« Nous sommes Français avant tout ! »
Qu'il est noble et fier ce langage !
Ah ! répétons-le d'âge en âge !
Qu'en nos cœurs il soit incrusté !
Qu'il s'y conserve en traits de flamme,
Qu'on lise sur notre oriflamme
Dieu, la France et la Liberté !

IV.

On avait bien prévu cette réponse fière
Le bronze était béant; le globe incendiaire
N'attendait plus que le signal....
On le donne...., et le fer, illuminant l'espace,
Vient tomber en sifflant sur nos toits qu'il fracasse
Qu'il allume comme un fanal.

L'incendie éclatait la nuit couverte et sombre.
Des qu'on vit circuler, tourbillonner dans l'ombre
Ces astres lancés par l'enfer;
Guerriers, enfants, vieillards, femmes, timides filles
Ne firent plus qu'un corps de toutes les familles
Que couvrait la voûte de fer.

A l'effroi d'un moment succédant la colère,
On a vu des enfants s'approcher du cratère
Des bombes qui couvaient leurs feux !
Arracher aux obus leur mèche menaçante,
Ou poursuivre à grands cris la course bondissante
Des boulets fuyant devant eux !

V.

Racontez les traits d'héroïsme
Que ces grands jours ont enfantés !
Et le glorieux fanatisme
Dont les cœurs étaient exaltés !
D'un pauvre qui, voyant la flamme
Dévorer le toit où sa femme
Lui donne un fils selon son vœu,
Se résignant à l'holocauste,
Disait : « Moi, je suis à mon poste
Je vais leur rendre feu pour feu ! »

Que l'ennemi dans sa furie
Lance des bombes par milliers
Prodiguant son artillerie;
Qu'il crève canons et mortiers !
Qu'il calcule bien, dans sa rage,
Comment on brise le courage,
Qu'il jette le feu par torrents !
Il n'émouvra plus une fibre
Quand un peuple veut rester libre
Que peut la fureur des tyrans !

' La Société royale des sciences, de l'agriculture et des arts de Lille a proposé une médaille d'or à la meilleure pièce de vers qui sera faite sur le siège de 1792. Cette médaille sera décernée à la fête du cinquantième anniversaire.

Voyez-vous, sous la parabole
Que décrit l'obus meurtrier,
La foule intrépide et frivole
Qui se livre au fer du barbier ?
Un éclat de bombe est le vase
Où la main de celui qui rase
Va faire mousser le savon !...
Il opère avec assurance
Pendant qu'autour de lui l'on danse
Au fracas de tout leur canon !

VI.

Et les femmes semblaient oublier leur faiblesse ;
Intrépides héros d'une nouvelle espèce,
Vétérans enrôlés d'hier,
Elles venaient ici, pour panser nos blessures,
Et, pour nous apporter, auprès des embrasures,
Du pain, du salpêtre et du fer !

Pendant sept jours, sept nuits, sans relâche, la foudre,
Qui sillonnait le ciel, mettait nos murs en poudre,
Ne cessa de frapper partout.
Les maisons s'écroulaient sous les sphères brûlantes ;
Et parmi les monceaux de ruines fumantes
Les Lillois seuls restaient debout.

Quand il eut épuisé son inutile rage,
L'ennemi, contemplant son détestable ouvrage,
S'enfuit plein de honte et d'effroi.
Montant sur ses débris, Lille, dans sa souffrance,
Agita le drapeau, signal de délivrance,
Criant : La victoire est à moi !

VII.

« Lille a bien mérité qu'au nom de la Patrie,
« Nous venions couronner cette tête meurtrie
« Pour le salut de nos foyers !
« Honneur à ces lions qui gardent la frontière ! »
Ainsi parla la France, et Lille, heureuse et fière,
Se trouva ceinte de lauriers.

Et puis, comme on eut fait pour un vaillant athlète
Qu'avaient suivi les yeux de la foule muette,
Et qui sort du cirque vainqueur,
On accourut à nous dans un instant de calme,
Et sur le front de Lille on éleva la palme
Qu'on décerne au libérateur.

On vit de vieux guerriers donner à l'héroïne
Les signes glorieux qui couvraient leur poitrine
Et qu'on détacha le respect.
Les villes, les hameaux, animés d'un saint zèle,
Envoyaient leurs enfants pour veiller auprès d'elle
Et se grandir à son aspect.

Les cités inscrivaient LILLE sur leurs murailles.
On vit, dans leur ferveur, Draguignan et Versailles,
Pour rebâtir chaque maison,
Demander au pays les élus du civisme
Et relever les murs qu'un si noble héroïsme
Avait marqués de son blason !

VIII.

Et nous, heureux enfants de ces valeureux pères,
Dont le nom est l'effroi des hordes étrangères,
Soyons dignes de tant d'honneur !
Que jamais l'ennemi n'entre dans nos murailles
Que prisonnier.... ou bien que pour les funérailles
De notre dernier défenseur !

Qu'un monument s'élève et puisse, d'âge en âge,
Porter à l'univers le noble témoignage
D'un fait d'armes si glorieux !
Que le fer ennemi jeté dans la fournaise
Devienne le héraut de la valeur française
Dans ce siège prodigieux !

Qu'un roc inébréché représente la ville ;
Que sur l'un de ses flancs on lise un seul mot : LILLE
Que sur le sommet élevé
Une boule en éclats lui serve d'auréole ;
Que sur chaque débris de l'éloquent symbole
QUATRE-VINGT-DOUZE soit gravé.

Qu'on lise au piédestal ces titres de noblesse
Scellés à l'incendie et que la cité laisse
A la jeune postérité !
Ce décret glorieux que la France attendrie
A prononcé sur nous : « FRANÇAIS, DE LA PATRIE
« LES LILLOIS ONT BIEN MÉRITÉ ! »

IX.

Et s'il était permis à celui qui vous chante
De formuler le vœu qui dans son cœur fermente,
(Pardonnez sa témérité !)
C'est qu'il entende au loin un écho qui réponde,
Qui dise à nos neveux, qui dise à tout le monde,
« LE POÈTE A BIEN MÉRITÉ ! »

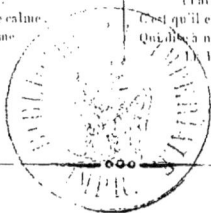

www.ingramcontent.com/pod-product-compliance
Lightning Source LLC
Chambersburg PA
CBHW070130100426
42744CB00009B/1783